Centre international d'études pédagogiques

COMMISSION NATIONALE CIEP
DELF
DALF

Réussir le DELF

SCOLAIRE ET JUNIOR

A2

Bruno Mègre
Mélanie Monier

didier Cornelsen

Conception de la maquette intérieure et de la couverture : Solène OLLIVIER –
Mise en page : SYNTEXTE – Photogravure : S.C.E.I. – Illustrations : Olivier JOLIVET et DOM (p. 106) –
Montages : Solène OLLIVIER (p. 96, 97, 112)

In der Reihe „Fit für das DELF" sind noch erhältlich:

„Fit für das DELF A1": ISBN 978-3-06-520452-1

„Réussir le DELF scolaire et junior B1": ISBN 978-2-27-806580-6

„Réussir le DELF scolaire et junior B2": ISBN 978-2-27-806581-3

„Die Transkriptionen und Lösungen befinden sich in den dazu gehörigen Lehrerhandreichungen:

„Fit für das DELF A1 Handreichungen für den Unterricht": ISBN 978-3-06-520453-8

„Fit für das DELF A2 Handreichungen für den Unterricht": ISBN 978-3-06-520455-2

„Réussir le DELF scolaire et junior B1 Guide pédagogique": ISBN 978-2-278-06454-0

„Réussir le DELF scolaire et junior B2 Guide pédagogique": ISBN 978-2-278-06455-7

Deutsche Ausgabe:

Redaktion: Lucie Drevon, Aschaffenburg – Layout: graphitecture book, Rosenheim

www.cornelsen.de

1. Auflage, 1. Druck 2009

Alle Drucke dieser Auflage sind inhaltlich unverändert und können im Unterricht nebeneinander verwendet werden.

ISBN: 978-3-06-520454-5

INHALTSVERZEICHNIS

Das Symbol [1] gibt euch an, welchen CD-Track ihr hören müsst, um die Aufgabe zu lösen.

Vorwort

Jedes Jahr legen fast 200 000 Jugendliche im Alter von 12 bis 16 Jahren eine der beiden Prüfungen des DELF-Diploms „*Scolaire et Junior*“ in nunmehr 164 Länder ab. Auch in Deutschland erhalten immer mehr Schüler und Schülerinnen jedes Jahr ein DELF-Diplom. Mittlerweile zählt man hier jährlich über 40 000 Schüler und Schülerinnen, die sich zur DELF-Prüfung anmelden.

Die Reihe „Fit für das DELF“ begleitet euch bis zum Erwerb der DELF Prüfung. Diese Reihe ist mit einem doppelten Ziel konzipiert worden: euch zu helfen, das Diplom zu erlangen und eure Lehrer bei ihrer Lehrtätigkeit zu unterstützen, damit ihr die notwendigen Fertigkeiten und Kompetenzen erwerbt.

Mit der DELF Prüfung werden die vier Sprachkompetenzen (Hör- und Leseverstehen sowie mündlicher und schriftlicher Ausdruck) geprüft.

In dem vorliegenden Heft findet ihr sechs Kapitel, die euch dabei helfen, gezielt jede einzelne Fähigkeit zu trainieren. Ihr könnt also den Schwerpunkt selbst bestimmen und gezielt trainieren. Das Heft enthält:

- vier Kapitel *Entraînez-vous* mit verschiedenartigen Lernübungen zu den vier Sprachkompetenzen, die den Anforderungen der Niveaustufe A2 entsprechen.
- ein Dossier, *Trois jours dans la vie d'Alice et de Malik*, das zur Entdeckung oder Vertiefung von soziokulturellen Kenntnissen über Frankreich führt.
- eine Musterprüfung (DELF A2).

Die beiliegende Audio-CD enthält alle Hördokumente. So könnt ihr selbstständig trainieren.

Am Anfang eines jeden Kapitels findet ihr eine gelenkte Aufgabe. Die darin enthaltenen methodischen sowie praktischen Tipps helfen euch dabei, die folgenden Aufgaben zu lösen. Am Ende eines jeden Kapitels habt ihr die Möglichkeit, eure Fähigkeiten selbst zu überprüfen, indem ihr euch anhand einer Checkliste selbst beurteilt.

Auch am Ende des Dossiers *Trois jours dans la vie d'Alice et de Malik* habt ihr die Möglichkeit, in einem Quiz eure Kompetenzen im Leseverstehen konkret zu überprüfen.

Das Heft endet mit dem Beispiel einer DELF-Prüfung. Erlangt ihr 50 von 100 Punkten in der Gesamtwertung, würdet ihr das entsprechende DELF-Diplom erhalten.

Wenn ihr diese Test-Prüfung (*Épreuve blanche*) gelöst habt, kennt ihr auch das typische Aussehen und seid bestens auf die „echte“ Prüfung vorbereitet.

Die staatliche DELF-Kommission und der Cornelsen-Verlag wünschen euch eine angenehme Lektüre, ein gutes Training und viel Erfolg bei der DELF-Prüfung.

Avant-propos

Les ouvrages de la collection « Réussir le DELF » sont rédigés et validés par la commission nationale du DELF et du DALF. Ils proposent un entraînement au format des épreuves des diplômes DELF.

Chaque année, près de 200.000 adolescents de 12 à 16 ans présentent les épreuves de l'un ou l'autre des diplômes DELF « junior » ou « scolaire », dans l'un des 164 pays qui organisent ces examens.

L'appellation « DELF scolaire » est réservée à un mode de passation régi par un accord entre le service de coopération et d'action culturelle de l'ambassade de France et les autorités éducatives locales. Les ministères en charge de l'éducation de 31 pays ont ainsi choisi d'intégrer le DELF au cursus scolaire secondaire.

En France, le DELF scolaire est organisé à l'intention des enfants nouvellement arrivés.

L'appellation « DELF junior » est réservée à un mode de passation libre, dans un centre d'examen dispensant des cours de français (Institut et centre culturel français, Alliance française, ...). 93 pays proposent aujourd'hui des cours de français menant à la passation d'un DELF junior.

Le DELF scolaire et junior est constitué de 4 diplômes indépendants les uns des autres correspondant aux 4 premiers niveaux du Cadre européen commun de référence pour les langues (CECRL) :

2h30	**DELF junior et scolaire B2**	**Indépendant**
1h45	**DELF junior et scolaire B1**	
1h40	**DELF junior et scolaire A2**	**Élémentaire**
1h20	**DELF junior et scolaire A1**	

Chaque diplôme évalue les 4 compétences : compréhension et production orales, compréhension et production écrites. L'obtention de la moyenne (50 points sur 100) à l'ensemble des épreuves permet la délivrance du diplôme correspondant.

La commission nationale du DELF et du DALF vous souhaite une bonne lecture, un bon entraînement et une bonne réussite au(x) diplôme(s) DELF que vous présenterez.

Christine TAGLIANTE

Responsable du Pôle évaluation et certifications

CIEP – Sèvres

COMPRÉHENSION ORALE
HÖRVERSTEHEN

Kompetenzerwartungen

✓ Kann genug verstehen, um den konkreten Anforderungen zu genügen unter der Voraussetzung, dass die Aussprache klar ist und langsam gesprochen wird.

✓ Kann Ausdrücke und Wörter aus dem täglichen privaten und öffentlichen Leben verstehen.

Ein Gespräch zwischen Muttersprachlern verstehen

✓ Kann im Allgemeinen den Gegenstand einer Diskussion verstehen, die in seiner Gegenwart langsam geführt und dabei klar artikuliert wird.

Durchsagen und mündliche Anweisungen verstehen

✓ Kann das Wesentliche einer kurzen, einfachen und klaren Durchsage oder Nachricht erfassen.

✓ Kann einfache Anweisungen, wie man von einem Punkt zu einem anderen zu Fuß oder mit öffentlichen Verkehrsmitteln gelangt, verstehen.

1 EIN GESPRÄCH ZWISCHEN MUTTERSPRACHLERN VERSTEHEN

→ Gelenkte Übung

1 Die Aufgabenstellung

Deux personnes discutent. Écoutez le dialogue. Répondez aux questions. Cochez (☒) la bonne réponse.

Es gibt verschiedene Arten von Hörtexten:
- eine Nachricht (auf einem Anrufbeantworter, z. B. Activité 12) oder eine Ankündigung (in einem Bahnhof, einem Flughafen, einer Behörde, z. B. Activité 15)

oder
- eine Unterhaltung zwischen zwei Personen (z. B. Activité 6).

2

2 Der Hörtest

- Hört euch den Dialog gut an.
- Ihr versteht nicht alle Wörter? Keine Panik! Versucht die Nachricht im Großen und Ganzen zu verstehen.
- Erstes Hören: Schreibt nichts mit! Konzentriert euch auf den Hörtext!
- Zweites Hören: Ihr könnt euch einige Informationen notieren.

3 Die Fragen

1. Qui parle ?

❑ Un garçon et son ami.
❑ Un père et son fils.
❑ Un professeur et son élève.

2. Quel est le programme de demain ?

❑ Des devoirs à la maison.
❑ Une visite de musée.
❑ Un repas entre amis.

Die gestellten Fragen sind:
- Multiple choice: Ihr müsst die richtige Antwort ankreuzen (normalerweise gibt es nur eine richtige Antwort. Wenn es mehrere richtige Antworten gibt, wird das in der Aufgabenstellung angegeben)

oder
- Halboffene Antworten: Ihr müsst eine Frage beantworten und einige Wörter oder Zahlen schreiben (z. B. Aufgabe 16).

→ À vous !

Pour les activités 1 à 11, écoutez deux fois le dialogue. Vous allez avoir, chaque fois, une minute de pause entre les deux écoutes. Nous vous conseillons :
– de lire les questions avant la 1re écoute ;
– d'écouter attentivement la 1re fois ;
– de commencer à répondre aux questions pendant la pause d'une minute ;
– d'écouter le document la 2e fois ;
– de finir de répondre aux questions.

Attention ! Il n'y a qu'une bonne réponse par question.

Activité 1

Écoutez le dialogue. Répondez aux questions. Cochez (☒) la bonne réponse.

1. Qui parle ?
- ❑ Deux adolescents.
- ❑ Deux adultes.
- ❑ Un père et son fils.

2. Que veut faire Jean ?
- ❑ Préparer une fête pour ses parents.
- ❑ Demander une autorisation[1] à ses parents.
- ❑ Souhaiter[2] l'anniversaire de mariage[3] de ses parents.

1 l'autorisation *f.*: *die Erlaubnis*
2 souhaiter: *gratulieren*
3 l'anniversaire de mariage *m.*: *der Hochzeitstag*

Activité 2

Écoutez Julie qui discute avec une amie. Répondez aux questions.

1. Comment Julie va à l'école ?

❑ A

❑ B

❑ C

2. Avec votre stylo, tracez[1] le chemin pour aller de la maison de Julie à l'école.

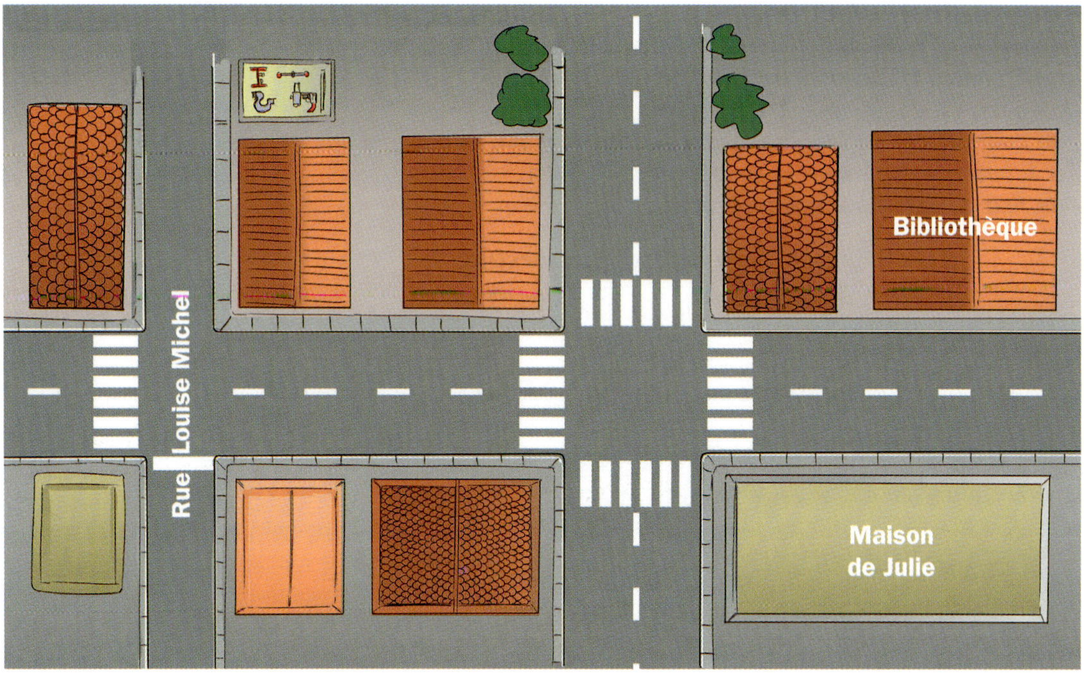

1 tracer: *nachzeichnen*

5 **Activité 3**

Écoutez le dialogue. Cochez (☒) la bonne réponse.

1. Stéphane et Fanny vont acheter un cadeau pour :
- ❑ leur ami.
- ❑ leur grand-mère.
- ❑ leur mère.

2. Que vont-ils acheter ?
- ❑ Ils ne savent pas encore.
- ❑ Un bouquet de fleurs.
- ❑ Une écharpe de soie.

Activité 4

Écoutez la personne. Répondez aux questions. Cochez (☒) la bonne réponse.

1. Qui parle ?
- ❑ Un élève.
- ❑ Un parent.
- ❑ Un professeur.

2. Pourquoi le cours de mathématiques est-il déplacé[1] ?
- ❑ Le professeur a une réunion.
- ❑ Le professeur est malade.
- ❑ Le professeur fait grève[2].

3. Entourez[3] dans l'emploi du temps de Cyril :
– le cours de mathématiques annulé[4], en rouge ;
– le nouveau cours de mathématiques, en bleu.

1 déplacer: *verschieben*
2 faire grève: *streiken*
3 entourer: *einkreisen*
4 annuler: *absagen*

Emploi du temps – 3e du collège Georges Brassens
année 2008/2009

	lundi	mardi	mercredi	jeudi	vendredi
8 h 30	Français Salle 112	Mathématiques Salle 104	Éducation physique et sportive	Éducation physique et sportive	Musique Salle 214
9 h 30		Sciences physiques Salle 012		Sciences physiques Salle 012	Histoire Géographie Salle 200
10 h 30		Français Salle 112	Mathématiques Salle 104	Anglais Salle 201	
11 h 30					
12 h 30	Repas				
14 h 00	Mathématiques Salle 111	Technologie Salle 001		Mathématiques Salle 104	Sciences de la vie et de la terre Salle 010
15 h 00				Espagnol Salle 202	

7 **Activité 5**

Écoutez l'annonce du collège. Répondez à la question. Cochez (☒) la bonne réponse.

Charles et Julien sont en 6e. Devant quelle salle doivent-ils se placer ?

- ☐ La salle 103.
- ☒ La salle 120.
- ☐ La salle 201.

Activité 6

8 **a)** Écoutez le dialogue. Répondez à la question. Cochez (☒) la bonne réponse.

Que cherche la jeune fille ?

- ☐ Une jupe.
- ☒ Un pantalon.
- ☐ Une robe.

9 **b)** Écoutez le dialogue. Répondez à la question. Cochez (☒) la bonne réponse.

Que souhaite la jeune fille ?

- ☒ Une paire de boucles d'oreilles.
- ☐ Une paire de chaussures.
- ☐ Une paire de lunettes.

10 **c)** Écoutez le dialogue. Répondez à la question. Cochez (☒) la bonne réponse.

Dans quelle boutique est le jeune homme ?

- ☐ Une fromagerie.
- ☒ Une librairie.
- ☐ Une épicerie-pharmacie.

11 **d)** Écoutez le dialogue. Répondez à la question. Cochez (☒) la bonne réponse.

Que va acheter le jeune homme ?

- ☒ Un manteau.
- ☐ Un pantalon.
- ☒ Une veste.

Activité 7

Répondez aux questions. Cochez (☒) la bonne réponse.

1. Qui sont les deux personnes ?
- ❑ Un père et sa fille.
- ❑ Un professeur et son élève.
- ❑ Deux amis.
- ❑ Un patron[1] et son employée[2].

2. De quoi parlent-ils ?
- ❑ Des heures d'arrivée.
- ❑ Des heures de départ.
- ❑ Des jours de vacances.
- ❑ Des horaires de bus.

3. La jeune femme est :
- ❑ en colère.
- ❑ triste.
- ❑ heureuse.
- ❑ désolée.

4. L'homme est :
- ❑ en colère.
- ❑ triste.
- ❑ heureux.
- ❑ désolé.

1 le patron: *der Chef*
2 l'employé/e: *der/die Angestellte*

Activité 8

Répondez aux questions. Cochez (☒) la bonne réponse

1. Où sont les deux personnes ?
- ❑ Dans un café.
- ❑ Dans un bureau.
- ❑ Dans un appartement.
- ❑ On ne sait pas.

2. Quelle est la profession de la femme ?
- ❑ Danseuse.
- ❑ Chanteuse.
- ❑ Musicienne.
- ❑ Peintre[1].

1 le/la peintre: *der/die Maler/in*

3. Quelle est la profession de l'homme ?
- ❑ Professeur.
- ❑ Journaliste.
- ❑ Musicien.
- ❑ Scientifique.

4. La jeune femme est :
- ❑ en colère.
- ❑ triste.
- ❑ heureuse.
- ❑ désolée.

14 Activité 9

Répondez aux questions. Cochez (☒) la bonne réponse.

1. Où se passe cette conversation ?
- ❑ Au restaurant.
- ❑ À l'école.
- ❑ Au téléphone.
- ❑ Dans la rue.

2. Qui sont Sophie et Simon ?
- ❑ Ce sont deux amis.
- ❑ Ils sont frères et sœurs.
- ❑ Ils sont collègues.
- ❑ On ne sait pas.

3. Où vont-ils ?
- ❑ Chez un ami.
- ❑ Au café.
- ❑ Au restaurant.
- ❑ Au cinéma.

4. À quelle heure ont-ils rendez-vous ?
- ❑ À 18 h 00.
- ❑ À 18 h 45.
- ❑ À 17 h 00.
- ❑ À 17 h 45.

15 Activité 10

Répondez aux questions. Cochez (☒) la bonne réponse.

1. De quoi parlent les deux amis ?
- ❑ D'un concert classique.
- ❑ D'une pièce de théâtre.
- ❑ D'une exposition.
- ❑ D'un concert de rock.

2. La jeune femme est :
- ❑ mécontente[1].
- ❑ satisfaite.
- ❑ surprise.
- ❑ désolée.

3. Le jeune homme est :
- ❑ mécontent.
- ❑ satisfait.
- ❑ surpris.
- ❑ désolé.

1 mécontent/e: *unzufrieden*

4. Combien a coûté le billet ?

Réponse : ....

Activité 11

Attention ! ***Ce dialogue est en 3 parties. Il n'y a qu'une bonne réponse par question.***

16 Écoutez la première partie du dialogue. Répondez aux questions. Cochez (☒) la bonne réponse.

1. Où se passe cette scène ?
- ❑ Dans la rue.
- ❑ Dans un restaurant.
- ❑ Dans un magasin.
- ☒ Dans un bureau.

2. Quelle langue le jeune homme veut apprendre ?
- ❑ Le français.
- ❑ L'allemand.
- ❑ L'espagnol.
- ☒ L'anglais.

3. Le samedi, le jeune homme :
- ☒ se réveille tôt.
- ❑ se couche tard.
- ❑ se réveille tard.
- ❑ se couche tôt.

17 Écoutez la deuxième partie du dialogue. Cochez (☒) ou écrivez la bonne réponse.

4. Combien le jeune homme va-t-il payer ?
- ❑ 75 €.
- ☒ 50 €.
- ❑ 70 €.
- ❑ 55 €.

5. Comment le jeune homme veut payer?

Réponse: check

6. Comment le jeune homme va payer?

Réponse: en espèces

18 Écoutez la troisième partie du dialogue. Cochez (☒) ou écrivez la bonne réponse.

7. Combien de temps durent les cours?

Réponse: trois moi

8. Quel jour sont les cours?

Réponse: sandi

9. À quelle heure commencent et finissent les cours?

Réponse: dix heures a midi

10. Quelle est la date du dernier cours?

Réponse: 21 Dezember

11. Il n'y a pas cours:

- ☐ le 1er septembre.
- ☐ le 11 septembre.
- ☒ le 1er novembre.
- ☒ le 11 novembre.

2 DURCHSAGEN UND MÜNDLICHE ANWEISUNGEN VERSTEHEN

19 Activité 12

Écoutez le message du répondeur.
Répondez à la question. Cochez (☒) la bonne réponse.

Que doit faire le jeune homme ?

- ❑ Donner à manger à son animal.
- ❑ Préparer le repas du soir.
- ❑ Ranger les courses.

20 Activité 13

Une amie vous propose une recette. Écoutez bien. Répondez aux questions.

1. Écoutez une première fois les explications de votre amie. Entourez[1] les ingrédients et les ustensiles nécessaires pour faire cette recette.

1 entourer: *einkreisen*

A

B

C

D

E

F

G

H

I

J

K

L

M

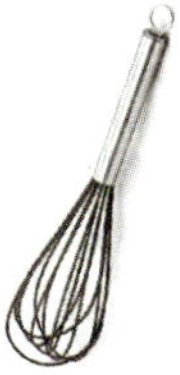
N

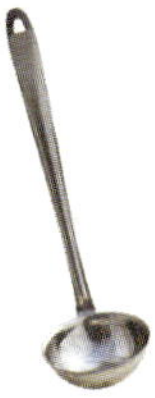
O

P

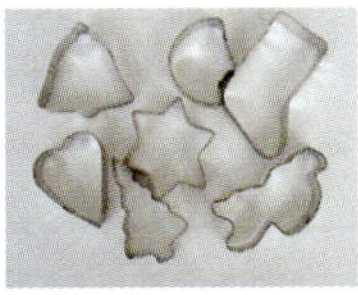
Q

R

2. Écoutez une nouvelle fois les explications de votre amie.

– Mettez dans l'ordre[1] les images présentant la recette.
– Écrivez la lettre de l'image dans le tableau.
– Écoutez à nouveau la recette.
– Écrivez la phrase qui correspond au dessin.

1 mettre dans l'ordre: *die Reihenfolge wieder herstellen*

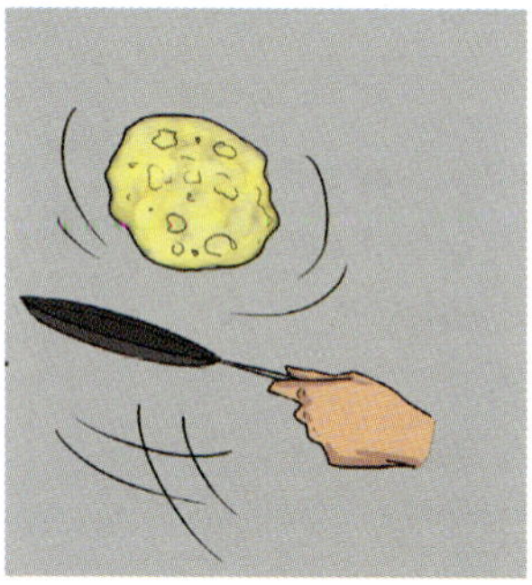

A

B

C

D

E

F

G

	Lettre	Phrase
1		
2		
3		
4		
5		
6		
7		

Pour les activités suivantes 14 à 19, écoutez deux fois l'enregistrement. Vous allez avoir une minute de pause entre les deux écoutes. Nous vous conseillons :
– de lire les questions avant la 1re écoute ;
– d'écouter attentivement la 1re fois ;
– de commencer à répondre aux questions pendant la pause d'une minute ;
– d'écouter le document la 2e fois ;
– de finir de répondre aux questions.

Attention ! Il n'y a qu'une bonne réponse par question !

21
Activité 14

Votre ami Mathieu vient vous voir une semaine. Vous allez le chercher à la gare du Nord. Écoutez l'annonce. Répondez aux questions. Cochez (☒) la bonne réponse.

1. Où Mathieu a pris son train ?
❑ À Lille.
❑ À Lyon.
❑ À Paris.

2. Sur quel quai devez-vous aller le chercher ?
❑ 10.
❑ 17.
❑ 35.

3. L'annonce indique que le train est :
❑ à l'heure.
❑ en avance[1].
❑ en retard.

1 en avance *f.*: *zu früh*

22
Activité 15

Répondez aux questions. Cochez (☒) la bonne réponse.

1. Où se passe cette scène ?
❑ Dans une agence de voyage.
❑ Dans une gare.
❑ Dans un aéroport.
❑ Dans un port.

2. Quelle est la destination annoncée ?
❑ Tokyo.
❑ Pékin.
❑ Toulouse.
❑ Toronto.

3. Les passagers doivent :
❑ attendre porte 37.
❑ embarquer porte 37.
❑ attendre porte 35.
❑ embarquer porte 35.

4. L'avion :
❑ va partir avec 35 minutes de retard.
❑ est parti avec 35 minutes de retard.
❑ va partir avec 37 minutes de retard.
❑ est parti avec 37 minutes de retard.

23 Activité 16

Répondez aux questions. Écrivez (☒) la bonne réponse.

1. Où Jérôme et Rachid ont-ils rendez-vous ?

Réponse : ....

2. À quelle heure ?

Réponse : ....

3. Avec qui ?

Réponse : ....

4. Quel moyen de transport vont-ils prendre ?

Réponse : ....

5. Où vont-ils ?

Réponse : ....

24 Activité 17

Répondez aux questions. Écrivez ou cochez (☒) la bonne réponse.

1. Quelle est la nationalité de Diego ?

Réponse : ....

2. Combien a-t-il :

– de frères ? Réponse : ....

– de sœurs ? Réponse : ....

3. Quelle est la profession :

– de son père ? Réponse : ....

– de sa mère ? Réponse : ....

4. Quelles études fait Diego ?

Réponse : ....

5. Il trouve que Strasbourg est une ville :

❑ triste.

❑ tranquille.

❑ ennuyante.

❑ inintéressante.

6. Pour Diego, son pays d'origine est :

❑ intéressant.

❑ inintéressant.

Pourquoi ?

Réponse : ....

25 Activité 18

1. Emma revient de vacances. Pouvez-vous :
– classer[1] (cochez (☒) 1, 2 et 3) les différentes étapes de son séjour en Suède et en Allemagne ?
– indiquer la durée[2] de chacune des étapes ?

Séjour à Berlin	Trajet en vélo	Séjour à Stockholm
❐ 1 ❐ 2 ❐ 3	❐ 1 ❐ 2 ❐ 3	❐ 1 ❐ 2 ❐ 3
Durée :	Durée :	Durée :

1 classer: *ordnen* – 2 la durée: *die Dauer*

2. Qu'est-ce qu'Emma a fait à Berlin et à Stockholm ? Mettez une croix (☒) dans la colonne correspondante.

	Berlin	Stockholm
Danser		
Nager		
Organiser des repas		
Faire du bateau		
Faire des courses		
Visiter les musées		

26 Activité 19

Cochez (☒) ou écrivez la bonne réponse.

1. Quelle est la profession de la femme ?
❑ Chanteuse.
❑ Actrice.
❑ Danseuse.
❑ Peintre[1].

2. Cette artiste est :
❑ très célèbre.
❑ pas célèbre.
❑ peu célèbre.
❑ très peu célèbre.

3. Est-ce qu'elle aime que le public lui parle dans la rue ?
❑ Pas du tout.
❑ Un peu.
❑ Beaucoup.
❑ On ne sait pas.

1 le/la peintre: *der/die Maler/in*

4. Quand elle voyage, que fait-elle ?

Réponse (écrivez une phrase) : ....

SELBSTBEURTEILUNG

	☺	😐	☹	☹☹
Allgemeine Kompetenzen im Hörverstehen Ich kann die unterschiedlichen Arten von Hördokumenten unterscheiden (Werbung, Unterhaltung, Information).				
Ich kann die einfachsten Höflichkeitsformen verstehen.				
Ich kann jemanden, der langsam über allgemeine Themen spricht, verstehen.				
Ich kann Ziffern, Preise, Uhrzeit und Datum verstehen.				
Ich kann einfache Ausdrücke und Vokabeln aus dem Alltag verstehen.				
Ein Gespräch zwischen Muttersprachlern verstehen Ich kann das Thema eines Gesprächs verstehen.				
Ich kann verstehen, wenn Dritte über mir vertraute Themen sprechen (Familie, Freizeit, Ausbildung, Geschmack).				
Ich kann verstehen, was mir (langsam und deutlich) mit einfachen Worten erklärt wird.				
Ich kann an einem einfachen Austausch mit Muttersprachlern teilnehmen.				
Durchsagen und mündliche Anweisungen verstehen Ich kann Anweisungen, die in einfacher Sprache formuliert sind, verstehen.				
Ich kann Anweisungen über Orte und Richtungen verstehen.				
Ich kann Durchsagen in öffentlichen Verkehrsmitteln verstehen.				
Ich kann die Anweisungen einer gespeicherten Nachricht verstehen.				
Nachrichten und Fernsehsendungen verstehen Ich kann das Wesentliche aus kurzen Ausschnitten verstehen.				
Ich kann in Nachrichten gezielt wichtige Informationen erfassen (Ziffern, Daten, Namen, Orten).				
Ich kann die Informationen über eine Thema, das mich interessiert, verstehen.				

COMPRÉHENSION ÉCRITE LESEVERSTEHEN

Kompetenzerwartungen

✓ Kann kurze, einfache Texte über konkrete allgemeine Themen, die ein äußerst häufig vorkommendes Vokabular enthalten, verstehen.

Schriftverkehr verstehen

✓ Kann die wichtigsten Arten von gewöhnlichen Standardbriefen (Anfrage, Bestellung, Bestätigung usw.) zu vertrauten Themen erkennen und einen kurzen, einfachen persönlichen Brief verstehen.

Orientierendes Lesen

✓ Kann eine Auskunft in einfachen üblichen Dokumenten finden.

✓ Kann eine spezielle Information in einer Liste auffinden und die gewünschte Information herausfinden.

✓ Kann die üblichen Zeichen und Schilder an öffentlichen Plätzen verstehen.

Informierendes Lesen

✓ Kann wichtige Informationen einfacher Schriftstücke wie z. B. Briefe, Broschüren und kurze Zeitungsartikel, in denen Tatsachen beschrieben werden, erfassen.

Anweisungen lesen

✓ Kann eine Vorschrift, die z. B. die Sicherheit betrifft, wenn sie einfach abgefasst ist, verstehen.

✓ Kann der Gebrauchsanweisung für einen häufig gebrauchten üblichen Apparat folgen.

1 SCHRIFTVERKEHR VERSTEHEN

→ Gelenkte Übung

1 Die Aufgabenstellung

Lisez le courriel de Charles. Répondez aux questions. Cochez (☒) la bonne réponse.

Die zu lesenden Schriftstücke sind:
- Artikel (Zeitung, Zeitschrift, Illustrierte ...)

oder
- E-Mails

oder
- schriftliche Mitteilungen (Notizen, SMS ...)

oder
- handschriftliche Briefe

oder
- Werbung

oder
- Programme (Kino, Fernsehen, Sport, kulturelle Veranstaltungen ...).

2 Das Dokument

Supprimer | Indésirable | Répondre | Rép. à tous | Réexpédier | Imprimer

De : charles.ju@gmail.com
Date : 04 janvier 2009
À : pierre@ami.com
Objet : Bonne année

Salut Pierre,
Je te souhaite une très bonne et heureuse année. J'espère que tu as passé de bonnes vacances et de bonnes fêtes de fin d'année. Moi, j'ai fait la fête du Nouvel An avec mes amis chez moi. Mes parents nous ont laissé la maison.
Je reprends l'école demain. Je suis plutôt content. Je vais retrouver mes copains mais j'aimerais bien rester en vacances.
J'ai fêté Noël dans ma famille à Grenoble et j'en ai profité pour faire du ski, me promener dans la montagne et jouer avec mes cousins.
Je crois que tu viens à Paris au mois de février. Ce serait bien de se voir. On va aller voir un concert ou aller au cinéma ensemble.
Je t'embrasse et j'espère te voir bientôt.

Charles

Lest den vorliegenden Text.

- Ihr versteht nicht alle Wörter? Keine Panik! Ihr sollt die wesentlichen Informationen des Textes, den allgemeinen Inhalt verstehen.
- Unterstreicht die wichtigen Wörter (die Schlüsselwörter) um euch zu helfen.
- Bei den Briefen, Mitteilungen und E-Mails muss man den Absender und den Empfänger kennen, denn es können Fragen zur Identität des Absenders oder des Empfängers gestellt werden.
- Achtet auch auf das Datum (sofern vorhanden).

→ Diese Informationen können euch helfen, den Text zu verstehen.

3 Die Fragen

1. Pourquoi Charles écrit-il à Pierre ?
- ❑ Pour l'inviter au cinéma.
- ❑ Pour lui raconter sa rentrée des classes.
- ❑ Pour lui souhaiter une bonne année.

2. Qu'est-ce que Charles a fait pour le réveillon du Nouvel An ?
- ❑ Il a fait la fête avec sa famille.
- ❑ Il a fêté le Nouvel An chez un ami.
- ❑ Il a organisé une fête chez lui.

3. Qu'est-ce que Charles a fait pendant les vacances de fin d'année ?
- ❑ Il a fait des activités en montagne.
- ❑ Il est allé au cinéma avec ses cousins.
- ❑ Il est resté chez lui avec sa famille.

4. Que propose Charles à Pierre quand il va venir à Paris ?
- ❑ D'aller au cinéma.
- ❑ De faire la fête.
- ❑ De visiter Paris.

△

Die gestellten Fragen sind:
- Multiple choice: Ihr sollt die richtige Antwort ankreuzen (es gibt nur eine richtige Antwort; wenn es mehrere richtige Antworten gibt, wird dies in der Arbeitsanweisung angegeben)
- Halboffene Fragen: Ihr sollt eine Frage beantworten oder einige Wörter oder Zahlen schreiben (z. B. Activité 4)
- Offene Fragen: Ihr sollt die Frage mit eigenen Worten beantworten (z. B. Activité 7, Frage Nr. 6).

→ À vous !

Activité 1

Votre ami Carlos vous a envoyé un message électronique (un courriel). Il est mexicain et habite à Mexico. Lisez son message et répondez aux questions. Si la réponse n'est pas dans le courriel de Carlos, écrivez *On ne sait pas*.

Supprimer Indésirable Répondre Rép. à tous Réexpédier Imprimer

De : Carlos@internet.net
Date : 06 mai 2009
À : moi@internet.net
Objet : J'arrive !

Salut,

J'espère que tu vas bien. Je t'écris ce courriel pour t'annoncer une bonne nouvelle. Je vais venir en France cet été. Je vais suivre un cours de français dans une école privée, en France. Je vais y rester deux semaines. Mes parents m'offrent ce voyage pour mes 16 ans. Je suis super content.

J'ai une autre bonne nouvelle ! Cette école est à Strasbourg... à 10 km de chez toi. Tu imagines ? J'espère qu'on va se voir souvent et que tu vas me faire visiter ta région, l'Alsace.

J'attends de tes nouvelles,

Salut,

Carlos

1. Que va faire Carlos ?

....

2. À quelle occasion ?

....

3. Dans quel pays ?

....

4. Dans quelle ville ?

....

5. Quand ?

....

6. Combien de temps ?

....

7. Avec qui ?

....

Activité 2

Votre amie Chloé vous a écrit un courriel. Elle vous raconte son voyage au Mexique. Lisez attentivement son courriel. Sur la carte, tracez[1], **dans l'ordre**[2] **(numérotez les trajets**[3]), les différents voyages de Chloé au Mexique.

1 tracer: *nachzeichnen* – 2 dans l'ordre *m.*: *in die chronologische Reihenfolge* – 3 le trajet: *die (Reise-)Route*

Supprimer Indésirable Répondre Rép. à tous Réexpédier Imprimer

De : Chloe@internet.net
Date : 02 septembre 2009
À : leazbo@internet.net
Objet : Retour de vacances

Salut,

J'espère que tu vas bien et que tes vacances se sont bien passées. Je suis rentrée du Mexique, hier. J'ai passé un séjour formidable avec mon frère et sa femme. Nous y sommes restés deux semaines. C'est un pays très grand. Deux semaines, c'est court pour tout voir.

Nous sommes arrivés à Mexico, la capitale, après un voyage de 10 heures 30 en avion. Julia est venue nous attendre à l'aéroport. Elle nous a emmenés à l'hôtel, dans un quartier très animé de la ville. Pendant notre séjour dans la capitale, nous avons visité des musées, des quartiers très jolis. Nous avons mangé des plats délicieux dans des restaurants de toutes sortes. Nous sommes aussi un peu sortis le soir.

Quatre jours après notre arrivée, nous sommes allés en voiture en direction du sud. Nous avons visité deux villes très belles, Puebla et Oaxaca. Nous sommes aussi allés à la plage à Acapulco, après Puebla mais avant Oaxaca.

Nous sommes revenus à Mexico en avion. Nous y sommes restés une seule journée car, le lendemain, nous avons pris l'autobus pour aller à San Luis Potosi, une autre très belle ville au nord de la capitale. Nous sommes, enfin, rentrés à Mexico mais nous sommes passés par Queretaro. Nous y avons dormi une nuit.

Ces vacances ont été géniales. J'ai découvert un pays, j'ai connu des gens très sympathiques. Je reviens en France avec beaucoup de nouveaux amis.

Tu vas aussi me raconter tes vacances en Suède. Est-ce que tu es libre samedi prochain ? Tu viens chez moi ? J'ai aussi invité Leila.

J'attends ta réponse.

À bientôt

Chloé

2 ORIENTIERENDES LESEN

Activité 3

Votre professeur souhaite organiser une sortie pendant votre voyage en Belgique. Lisez le document et complétez les phrases. Cochez (☒) la bonne réponse.

Activité proposée	Visite guidée des usines Filades
Genre	Activité d'animation > Visite guidée
Langues	Français
Durée	1 h 15 (visite obligatoirement accompagnée d'un guide)
Initiation au recyclage et à la fabrication du carton en industrie. Pendant la visite guidée, on a la possibilité de découvrir une usine du Groupe Filades et de comprendre la fabrication du papier et du carton. Grâce à une nouvelle présentation multimédia, vous allez apprendre les procédés de recyclage en industrie et les méthodes de fabrication du papier mouchoir, hygiénique et à mains.	
Disciplines	Écologie et environnement ➜ Environnement Production industrielle / Techniques > Procédés de fabrication
Publics	Primaire – 8 / 9 ans Primaire – 10 / 11 ans Primaire – 12/13 ans Secondaire – 14/15 ans Secondaire – 16 ans Secondaire – 17 ans et plus Grand public
Région	Bruxelles – Capitale

1. Vous allez participer à :
- ❑ l'ouverture d'un magasin sur le papier.
- ❑ une exposition sur le multimédia.
- ❑ une visite guidée d'une usine.

2. Cette activité est ouverte :
- ❑ à tous les publics.
- ❑ aux familles uniquement.
- ❑ seulement aux collégiens.

Activité 4

Cinéma ***L'Éclair*** 14, boulevard de Stalingrad – 75019 Paris – Métro : Jaurès ou Stalingrad

De l'autre côté du lit

Comédie (1 h 33 min)

De Pascale Pouzadoux
Avec Sophie Marceau, Dany Boon, Roland Giraud

Fatigués de la routine du quotidien, un homme et sa femme échangent leur place. Chacun se retrouve à faire le métier de l'autre.

Mercredi 24 *Jeudi 25* ***Vendredi 26*** *Samedi 27* *Dimanche 28* *Lundi 29* *Mardi 30*
11:10 / 13:20 / 15:25 / 17:50 / 19:55 / 22:00

1. Répondez aux questions.

a. Quelle est l'adresse du cinéma ?

14, boulevard de Stalingrad - 75019 Paris

b. Quel est le titre du film ?

de l'autre côté du lite

c. Quel est le genre du film ?

Comédie

d. Qui est le réalisateur[1] ?

de Pascale Pouzadoux

e. Qui sont les acteurs ?

Sophie Marceau Dany Boon

f. Le film dure 1 heure(s) 33 minute(s).

2. Cochez (☒) la bonne réponse.

Les horaires proposés concernent quel jour ?

- ❑ Jeudi 25.
- ❑ Vendredi 26.
- ❑ Samedi 27.

1 le réalisateur: *der Regisseur*

Activité 5

Nous sommes le 26 janvier. Votre ami veut aller au cinéma ce soir. Vous êtes d'accord pour voir un film dramatique en version originale (V.O.) après 19 heures. Le film ne doit pas durer plus de deux heures. Complétez le tableau et trouvez les deux films qui correspondent aux souhaits[1] de votre ami.

	Film 1	Film 2	Film 3	Film 4	Film 5
Horaire					
Langue					
Durée					
Genre					
Date					

Écrivez les deux films qui correspondent aux souhaits de votre ami :

– ……………………………………

– ……………………………………

1 correspondre aux souhaits *m. pl.*: *den Wünschen entsprechen*

Film 1

Cinéma ***L'Éclair*** 14, boulevard de Stalingrad – 75019 Paris – Métro : Jaurès ou Stalingrad

I Feel Good !

Documentaire (1 h 48 min)

De Stephen Walker
Avec Joe Benoit, Helen Boston

Le documentariste Stephen Walker a suivi les Young@heart pendant la préparation d'un nouveau spectacle.

Mercredi 24 **Jeudi 25** *Vendredi 26* *Samedi 27* *Dimanche 28* *Lundi 29* *Mardi 30*

EN VO : *11:10 / 13:20 / 15:25 / 17:50 / 19:55 / 22:00*

Film 2

Cinéma ***L'Éclair*** 14, boulevard de Stalingrad – 75019 Paris – Métro : Jaurès ou Stalingrad

Mes plus belles années

Comédie dramatique (1 h 40 min)

De Reshef Levy
Avec Michael Moshonov, Oshri Cohen

Israël, début des années 80. Au sein de la grande famille Levy, le jeune Erez a tout pour être heureux. Partageant son temps entre le lycée, les copains, et les fêtes, il va être troublé par l'arrivée en ville de la belle Neta...

Mercredi 24 *Jeudi 25* **Vendredi 26** *Samedi 27* *Dimanche 28* *Lundi 29* *Mardi 30*

EN VO : *13:00 / 15:15 / 17:30 / 19:45 / 22:05*

Film 3

Cinéma ***L'Éclair*** 14, boulevard de Stalingrad – 75019 Paris – Métro : Jaurès ou Stalingrad

Mia et le Migou

Animation (1 h 31 min) ***Film pour enfants à partir de 3 ans***

De Jacques-Rémy Girerd
Avec Dany Boon, Garance Lagraa

Après le décès[1] de sa mère, Mia, une fillette de 8 ans, abandonne son village natal, quelque part dans un pays de misère, pour partir à la recherche de son père. Son voyage le conduira à faire une extraordinaire rencontre avec les Migous.

Mercredi 24 *Jeudi 25* **Vendredi 26** *Samedi 27* *Dimanche 28* *Lundi 29* *Mardi 30*

11:10 / 13:20 / 15:25 / 17:50 / 19:55 / 22:00

1 le décès: *der Tod*

Film 4

Cinéma **L'Éclair** 14, boulevard de Stalingrad – 75019 Paris – Métro : Jaurès ou Stalingrad

L'Échange

Drame (2 h 21 min)

Avertissement : des scènes, des propos ou des images peuvent heurter la sensibilité des spectateurs

De Clint Eastwood
Avec Angelina Jolie, John Malkovich

Dans les années 20, une femme voit son fils se faire kidnapper. Elle finit par le récupérer, s'agit-il vraiment de son petit garçon ?

Mercredi 24 *Jeudi 25* ***Vendredi 26*** *Samedi 27* *Dimanche 28* *Lundi 29* *Mardi 30*

EN VO : *19:00 / 21:55*

Film 5

Cinéma **L'Éclair** 14, boulevard de Stalingrad – 75019 Paris – Métro : Jaurès ou Stalingrad

Two Lovers

Drame (1 h 50 min)

De James Gray
Avec Joaquin Phoenix, Gwyneth Paltrow

New York. Un homme hésite entre suivre son destin et épouser la femme que ses parents lui ont choisie ou se rebeller et écouter ses sentiments pour sa nouvelle voisine, belle et volage, dont il est tombé éperdument amoureux.

Mercredi 24 *Jeudi 25* ***Vendredi 26*** *Samedi 27* *Dimanche 28* *Lundi 29* *Mardi 30*

EN VO : *12:45 / 15:05 / 17:25 / 19:50 / 22:10*

Activité 6

Japan Expo est un festival français avec pour thème la culture japonaise et asiatique. C'est une manifestation culturelle consacrée aux mangas, aux jeux vidéo mais aussi aux arts martiaux, à la mode, au cinéma, aux traditions et aux cultures, aux jeunes artistes japonais ou autres, etc. Japan Expo est un festival organisé par la société SEFA (Société d'Exploitation des Festivals Asiatiques).

En 2002, **Japan Expo** devient un très grand festival et s'installe à La Défense à Paris. Jusqu'en 2004, le festival se déroule à cet endroit et il y a de plus en plus de personnes d'année en année. La salle devenue trop petite pour accueillir le festival, l'organisation décide de s'installer à Villepinte et de tripler la superficie du salon. C'est seulement en 2006 que **Japan Expo** revient, après une année de silence.

En 2006, la septième édition a donc lieu au Parc d'Expositions de Villepinte, et accueille environ 56 000 visiteurs. L'année suivante, en 2007, les organisateurs doublent leurs efforts pour organiser un festival encore plus grand. Le succès est plus que jamais au rendez-vous, puisque c'est 81 000 visiteurs qui se présentent aux festivités en 2007, et plus de 134 000 en 2008.

Source : fr.wikipedia.org/wiki/japan_Expo

Vrai, *Faux* ou *On ne sait pas* ? Cochez (✗) la réponse qui convient.

	Vrai	Faux	On ne sait pas
1. Japan Expo a toujours été organisé à Paris.			
2. C'est un festival sur les traditions anciennes du Japon.			
3. La manifestation n'a pas eu lieu en 2005.			
4. Le nombre de visiteurs n'a pas changé depuis 2002.			
5. Le festival dure généralement 3 jours.			

Activité 7

Vous êtes à Paris. Vous allez visiter le musée du quai Branly, le dernier grand musée de la capitale. Vous cherchez des informations pratiques dans ce document. Lisez-le et répondez aux questions. Cochez (☒) ou écrivez la bonne réponse.

*musée du **quai Branly**

LÀ OÙ DIALOGUENT LES CULTURES

Accès piétons

L'entrée au musée s'effectue par la rue de l'université ou par le quai Branly.
Les personnes en situation de handicap moteur sont invitées à se présenter au 222, rue de l'université (entrée administrative).

Transports en commun

métro : léna (ligne 9), **Alma-Marceau** (ligne 9), **Bir Hakeim** (ligne 6).
bus : ligne 42 arrêt Tour Eiffel ; **lignes 63, 80, 92** arrêt Bosquet-Rapp ; **ligne 72** arrêt musée d'art moderne – Palais de Tokyo
navette fluviale : arrêt tour Eiffel (batobus, bateaux parisiens et vedettes de Paris).

Accès voiture

– parking payant accessible par le 25, quai Branly.
– 520 places, dont 12 emplacements réservés aux personnes à mobilité réduite.
– l'accès piéton se fait rue de l'université, à l'orée du jardin.

En savoir plus

Musée du quai Branly
37, quai Branly – 75007 – Paris
Tél : 01 56 61 70 00
mardi, mercredi et dimanche : de 11 heures à 19 heures
jeudi, vendredi et samedi : de 11 heures à 21 heures
http://www.quaibranly.fr/

En ce moment au musée

Mangareva

Recettes des dieux

Planète métisse

Source : http://www.quaibranly.fr/

1. Comment peut-on aller au musée ? *(plusieurs réponses possibles)*

❑ En voiture.
❑ En métro.
❑ En train.
❑ En bateau.
❑ À pied.

2. Est-ce que mon ami(e) handicapé(e) peut entrer facilement ?

❑ Oui.
❑ Non.
❑ On ne sait pas.

3. Est-ce que je peux visiter le musée lundi à 17 heures ?

❑ Oui.
❑ Non.
❑ On ne sait pas.

4. Combien d'expositions y a-t-il en ce moment au musée ?

Réponse : ....

5. Citez deux autres endroits à visiter à côté du musée.

– ....

– ....

6. Est-ce que vous connaissez le musée du quai Branly ? Quelle est sa spécialité ? Regardez les affiches des expositions : pouvez-vous dire quelle est la spécialité de ce musée ?

....

....

....

....

Activité 8

Vous et vos amis voulez passer une semaine de vacances en France. Vous organisez seul ce voyage. Vous cherchez des informations pour partir dans un camp pour adolescents. Mais attention, vos amis ont des goûts très différents:
- Ahmed veut faire du sport;
- Pablo aime la tranquillité;
- Sven veut faire de longues promenades à la campagne;
- Marie veut être au bord de la plage;

et vous, vous voulez être à côté d'une grande ville.

Vous lisez ces annonces que vous avez trouvées sur Internet. Complétez, ensuite, le tableau pour vous aider à faire votre choix: cochez (✗) les cases quand la proposition est correcte.

Annonce 1

France. Près de la ville internationale de Genève et ses institutions internationales, une immersion[1] totale en anglais. Cours intensifs par des professeurs expérimentés et activités encadrées par des animateurs anglophones. Un hébergement[2] dans une authentique station savoyarde près de la Dent d'Oche dans un panorama grandiose, en pleine nature, entre le lac Léman et la montagne.

Annonce 2

Ville médiévale dominant le site exceptionnel de la vallée de la Rance, Dinan, petite ville au bord de la mer, est sans conteste l'une des plus belles cités de Bretagne. La ville surprend par le patrimoine[3] unique qu'elle a su protéger tout au long des siècles: églises et maisons traditionnelles, petites rues charmantes s'ouvrent à vous et livrent[4] leur secret.

Annonce 3

Le Val d'Ans est un village, avec un caractère typiquement savoyard, au cœur de paysages et points de vue remarquables. Perdu au milieu des montagnes, dans une vallée magnifique, le village est celui de vos rêves. Loin des villes, loin du bruit, le Val d'Ans est là pour vous accueillir[5] dans le calme le plus total.

Annonce 4

Venez découvrir les charmes de l'Alsace au cœur de Strasbourg, capitale européenne. Vous allez découvrir une ville dynamique, pleine d'énergie, jeune et internationale. Les activités culturelles et sportives sont nombreuses et vous allez passer des soirées extraordinaires dans les quartiers animés de la vieille ville.

1 l'immersion *f.*: *das Eintauchen* – 2 l'hébergement *m.*: *die Unterkunft* – 3 le patrimoine: *das Erbe* – 4 livrer: *hingeben* – 5 acceuillir: *empfangen*

Annonce 5

Vous aimez la campagne ? Vous aimez les promenades dans un cadre tranquille et merveilleux ? Venez à Marcevol. Vous allez découvrir un authentique village français en pleine nature mais aussi à 20 minutes de la mer Méditerranée. Marcevol est à 3 heures d'autobus de Montpellier, la grande ville la plus proche.

Annonce 6

Vous voulez passer des vacances au bord de la mer et près de la ville ? Venez à Pradel, une station balnéaire[1] qui vit au rythme de la musique, des cafés, des restaurants et des discothèques. Vous allez passer des vacances inoubliables.

Annonce 7

Vous êtes un amoureux du sport et de la nature ? Découvrez Saint-Quay-Portrieux, charmante petite station bretonne, située près de jolies plages. Chaque été, le festival de volley-ball est organisé dans son centre-ville. Le soir, vous pourrez vous amuser au casino ou dans les discothèques du bord de mer.

Annonce 8

Proche de la mer, le village de Saint-André, dans le sud de la France, est fait pour des vacances en pleine nature. Vous allez aimer le calme de la campagne et les joies des sports nautiques. La ville est à 20 minutes de Saint-André en bus.

	en France	activités sportives	lieu tranquille	promenades dans la nature possibles	à côté de la mer	à côté d'une grande ville
Annonce 1						
Annonce 2						
Annonce 3						
Annonce 4						
Annonce 5						
Annonce 6						
Annonce 7						
Annonce 8						

Quel est l'endroit que vous avez choisi pour faire plaisir à tous vos amis et à vous-même ?

....

1 la station balnéaire: *der Badeort*

3 INFORMIERENDES LESEN

Activité 9

1re partie

La chauve-souris

Taille : de 3 cm à 2 m

Poids : à partir de 2 g

Alimentation : insectes, fruits, nectar, petits animaux

Espérance de vie : de 4 à 16 ans

Répartition géographique : on trouve des chauves-souris dans le monde entier, exception faite de la zone arctique et de certaines îles océaniques éloignées.

Les chauves-souris peuvent voler, mais ce ne sont pas des oiseaux. Ce ne sont pas des souris non plus. Alors, que sont-elles ? Les chauves-souris sont des mammifères, les seuls mammifères[1] à pouvoir voler.

Caractéristiques
La chauve-souris trouve ses proies[2] sans problème dans le noir. Comment fait-elle ? Lorsqu'elle vole, la chauve-souris pousse des cris. L'homme ne peut pas les entendre, ce sont des ultrasons. Ces sons vont frapper tout ce qui se trouve sur leur chemin : arbre, insecte… et être renvoyés vers la chauve-souris. La chauve-souris va analyser le son et reconnaître si elle est en train de foncer[3] sur un arbre ou si son repas est devant elle. Ce système s'appelle l'écholocation[4]. Il est aussi utilisé par les dauphins.

Source : WWF France

Cochez (☒) la bonne réponse.

1. Les chauves-souris font partie de la famille :
- ❑ des mammifères.
- ❑ des oiseaux.
- ❑ des rongeurs[5].

2. On trouve la chauve-souris :
- ❑ dans la plupart des pays.
- ❑ dans la zone arctique.
- ❑ dans le monde entier.

3. Seules les chauves-souris utilisent l'écholocation.
- ❑ Vrai.
- ❑ Faux.

Justification : ……………………………………………………………………………………

1 le mammifère: *das Säugetier* – 2 la proie: *die Beute* – 3 foncer: *flitzen* – 4 l'écholocation: *die Echoortung* – 5 le rongeur: *das Nagetier*

4. L'écholocation consiste à utiliser :
- ❑ la vision nocturne[1] pour se protéger.
- ❑ le son pour se repérer[2].
- ❑ l'odeur[3] pour trouver son repas.

1 la vision nocturne: *die Nachtsicht*
2 se repérer: *sich zurechtfinden*
3 l'odeur *f.*: *der Geruch(ssinn)*

2e partie

L'hippopotame nain[1]

Taille : 1,70 à 1,95 m de long et 75 cm de haut

Poids : 180 à 270 kg

Alimentation : herbes, feuilles, racines

Espérance de vie : 35 ans et 42 ans en captivité

Distribution géographique : forêts proches des côtes de l'Afrique occidentale ; fleuve Bafing en Guinée jusqu'au fleuve Bandama en Côte-d'Ivoire, à travers la Sierra Leone et le Liberia.

Comme son cousin, l'hippopotame nain se sent aussi bien sur terre que dans l'eau mais préfère la terre ferme. C'est un excellent nageur mais il est moins adapté à la vie aquatique que l'hippopotame commun : ses yeux et ses oreilles sont plus bas sur la tête. Il est obligé de lever la tête pour respirer et pour voir quand il est dans l'eau. En cas de danger, l'hippopotame nain va se protéger dans la forêt plutôt que dans l'eau. L'hippopotame nain ne vit pas en groupe comme son cousin. Il est plutôt solitaire mais on peut parfois les voir par deux en couple ou une mère et son petit.

Source : WWF France

1. Complétez les phrases. Cochez (☒) la bonne réponse.

a. L'hippopotame nain est :
- ❑ carnivore[2].
- ❑ herbivore[3].
- ❑ insectivore[4].

b. On peut trouver l'hippopotame nain :
- ❑ dans le monde entier.
- ❑ en Afrique.
- ❑ en Asie.

2. Mettez une croix (✗) dans le tableau si la phrase convient à l'hippopotame nain, à l'hippopotame commun ou aux deux.

	Hippopotame nain	Hippopotame commun
1. Il aime être dans l'eau.		
2. Il préfère être sur terre.		
3. Il est plus adapté à la vie aquatique[5].		
4. Il se cache dans la forêt en cas de danger.		
5. Il vit en groupe.		

1 nain: *Zwerg- (+ Nomen)* – 2 le carnivore: *der/die Fleischfresser/in* – 3 l'herbivore *m./f.*: *der/die Pflanzenfresser/in* – 4 l'insectivore *m./f.*: *der/die Insektenfresser/in* – 5 aquatique: *Wasser- (+ Nomen)*

Activité 10

Les activités du CDI

Année 2008/2009

Le concours-lecture du district de Roubaix

La sélection

Une trentaine d'élèves sont inscrits cette année pour lire deux livres au choix parmi les trois sélectionnés :

Niveau 4e/3^{e}

Le Jeu : la traque,
Jean-Luc Luciani

L'agenda,
Hélène Montardre

Entre chiens et loups,
Malorie Blackman

Exposition

Le CDI[1] a accueilli en janvier-février l'exposition « **Comment naît une BD : par dessus l'épaule d'Hergé** », prêtée par la Bibliothèque municipale de Wattrelos.

Ciné-club

Tous les lundis et mardis midi, de 12 h 45 à 13 h 35, les élèves du ciné-club s'installent dans la salle cinéma du collège pour regarder des films et en discuter. Depuis avril 2008, le site du ciné-club est en ligne à cette adresse : http://www4b.ac-lille.fr/~pnwcineclub/

Club journal

Le lundi soir et le jeudi midi, les élèves journalistes se réunissent au CDI pour choisir et rédiger leurs articles. Le journal *La voix de Pablo* est accessible en ligne ici.

Le club CDI

Tous les vendredis midi, de 12 h 50 à 13 h 30, les élèves du club viennent aider la documentaliste dans les tâches de gestion du CDI. Au programme : on range les livres, on bulletine[2] les périodiques[3], on recouvre, on colle des cotes, on classe[4] les archives, on enregistre des fiches dans BCDI… À la fin de l'année et avec l'aide du FSE, les élèves recevront un livre qu'ils choisiront. Un cadeau bien mérité pour les remercier de leur participation !

Source : www2c.ac-lille.fr/pneruda-wattrelos/rubriques/animations.htm

1 CDI: Centre de documentation et d'information – 2 bulletiner: *erfassen* – 3 le périodique: *die Zeitschrift* – 4 classer: *ordnen*

Cochez (☒) la bonne réponse.

1. De quoi s'agit-il ?
- ☐ D'une offre d'emploi[1].
- ☐ D'une publicité.
- ☐ D'un site scolaire.

2. Le concours consiste à :
- ☐ choisir le meilleur livre.
- ☐ lire deux livres.
- ☐ résumer un des livres.

3. Les élèves du collège de Roubaix :
- ☐ ont la possibilité de voir des films au collège.
- ☐ travaillent sur des films avec leur classe.
- ☐ vont au cinéma toutes les semaines.

4. Que peut-on dire du club CDI ?
- ☐ Le directeur du collège offre un travail à certains collégiens.
- ☐ Les élèves peuvent aider la documentaliste à gérer le CDI.
- ☐ Les livres du CDI viennent des dons des parents d'élèves.

1 l'offre d'emploi *f.*: *das Stellenangebot*

Activité 11

Lisez le résumé de film et les critiques faites par des spectateurs ou des journalistes. Répondez ensuite aux questions.

Résumé : *Les Triplettes de Belleville*

Champion est un petit garçon adopté par sa grand-mère, madame Souza.
Remarquant sa passion pour le cyclisme, madame Souza fait suivre à Champion un difficile entraînement. Les années passent. Champion est devenu un as du vélo, à tel point qu'il se retrouve coureur au célèbre Tour de France. Mais pendant la course, il est enlevé par deux mystérieux hommes en noir. Madame Souza et son fidèle chien Bruno arrivent jusqu'à une ville nommée Belleville. Là, ils rencontrent les « Triplettes de Belleville », d'excentriques stars du music-hall des années 30 qui décident d'aider madame Souza et Bruno à retrouver Champion.

Virginie, 15 ans
Une pure merveille du cinéma d'animation ! C'est beau, original, exagéré mais à la fois réaliste, drôle… La musique est excellente, les dessins sont riches et magnifiques.

Léo, 13 ans
Un film inoubliable ! La qualité des images rend ce film encore meilleur ! Les personnages sont drôles ! Le réalisateur a su faire un film magnifique où les dialogues n'ont pas leur place !! Bravo !!!

Julie, 17 ans
À vouloir trop être original, on fait des navets. Ce dessin animé est UNIQUEMENT pour adultes et ça, c'est impardonnable, surtout pour quelqu'un comme moi qui aime me replonger en enfance à l'aide des dessins animés. Ce n'est pas du tout le cas ici donc logiquement, c'est 0.

Kamel, 18 ans
On croirait un court métrage, dans la façon d'aborder les personnages, ajouté au fait que les personnages sont muets. La bande-son est plutôt réussie, c'est quelque chose qu'on oublie pas. De plus, les multiples caricatures sont assez amusantes. Malheureusement, l'histoire est bien trop simple et certaines scènes un peu ridicules.

Les Inrockuptibles
Bref, c'est bizarre, indéniablement mais, finalement, trop incohérent. Quand l'objet et le but de la caricature ne sont pas clairement affirmés, cela tourne à l'exercice gratuit.

Télérama
Humour fin et acerbe, graphisme rétro et inventif, rythme trépidant et oxygéné, tout est parfait, que voulez-vous !

Source : www.allocine.fr

1. Cochez (☒) la bonne réponse.

Les Triplettes de Belleville, c'est :
- ❑ un film d'action.
- ❑ un film d'amour.
- ❑ un film d'animation[1].

1 le film d'animation: *der Zeichentrickfilm*

2. Cochez (☒) la bonne réponse et recopiez les mots ou la phrase qui justifient votre réponse.

Le film raconte l'histoire d'un petit garçon.
- ❑ Vrai.
- ❑ Faux.
- ❑ On ne sait pas.

Justification : ....

....

3. Que pensent les critiques ? Mettez une croix dans la colonne correspondante.

	☺	😐	☹
Les Inrockuptibles			
Télérama			
Julie			
Kamel			
Léo			
Virginie			

Activité 12

Vous cherchez un stage pour les vacances de l'été prochain. Lisez ces publicités touristiques et répondez aux questions.

Titre	Stage de tennis à Barcelone	Anglais et musique	Cocktail scientifique à La Rouatière
Public	Séjour pour les 12-17 ans	Séjour pour les 14-17 ans	Séjour pour les 13-15 ans
Destination	Espagne	Angleterre	France
Description du séjour	Barcelone, entre mer et montagne, une ville éclatante de vie. Ici, les maisons espiègles de Gaudí cohabitent paisiblement avec l'architecture gothique comme la Pedrera ou le parc Güell, la Sagrada Familia. La vie s'organise autour de la Rambla, des tapas épatantes, des restos, cafés, terrasses et salles de concert, de la plage et ses bateaux.	Séjour idéal pour des jeunes musiciens qui désirent progresser en anglais tout en s'adonnant à leur hobby. Ce séjour s'adresse à des jeunes pratiquant déjà un instrument.	Imaginer et construire une mini-fusée avec un système de récupération automatique, un robot utilisant les énergies renouvelables, un ballon pour étudier l'atmosphère, réaliser des photographies de planètes : voici quelques exemples de projets que tu peux réaliser pendant le séjour.
Prix du séjour	1 265 €	1 099 €	1 100 €
Date du séjour	du 05 juillet 2009 au 18 juillet 2009	du 04 juillet 2009 au 17 juillet 2009	du 06 juillet 2009 au 24 juillet 2009

1. Cochez (☒) la bonne réponse.

Les séjours[1] proposés s'adressent à quel public ?

- ❑ Aux adolescents.
- ❑ Aux adultes.
- ❑ Aux jeunes enfants.
- ❑ Aux musiciens.
- ❑ Aux professeurs.
- ❑ Aux sportifs.

2. *Vrai*, *Faux* ou *On ne sait pas ?* Cochez (✗) la bonne réponse.

	Vrai	Faux	On ne sait pas
a. Le séjour à Barcelone est le plus cher.			
b. Toutes les destinations proposent des cours de langue.			
c. Il est possible de participer aux trois séjours.			
d. Vous êtes obligé(e)[2] de parler la langue du pays pour partir.			

1 le séjour: *der Aufenthalt* – 2 être obligé/e de faire qc: *zu etw. verpflichtet sein*

Activité 13

Vous étudiez l'allemand à l'école. Vous êtes intéressé(e) par cette publicité. Lisez-la et répondez aux questions. Si la réponse n'est pas dans le document, écrivez *On ne sait pas.*

Séjour linguistique

Venez vivre une expérience allemande !

Vous étudiez l'allemand au collège ou au lycée ? Vous avez plus de 14 ans ? Vous avez envie de vivre une expérience incroyable ?

Alors venez passer l'été à Heidelberg et perfectionnez votre allemand !

Nous vous proposons un séjour[1] de trois semaines qui comprend :

>> l'hébergement[2] dans une famille allemande (chambre individuelle, trois repas par jour)
>> 5 heures de cours par jour avec des professeurs spécialisés
>> des activités culturelles et sportives tous les jours
>> des rencontres avec de jeunes Allemands
>> des excursions tous les week-ends (la Forêt Noire, Baden-Baden, la vallée du Rhin, Berlin)
>> un encadrement de qualité

Pour plus d'informations, nous vous invitons à nous écrire à deutschsprache@internet.net

1. Dans quel pays et dans quelle ville le séjour linguistique est proposé ?

....

2. Combien de temps dure le séjour linguistique ?

....

3. Combien coûte le séjour linguistique ?

....

1 le séjour: *der Aufenthalt* – 2 l'hébergement *m.*: *die Unterkunft*

4. Qu'est-ce qui est proposé pendant le séjour linguistique ? Cochez (☒) les bonnes réponses.

❑ Des sorties en discothèques.
❑ Du sport.
❑ Des promenades en forêt.
❑ Des visites culturelles.
❑ Du théâtre.
❑ Des jeux.

Activité 14

Lisez ce document. Répondez aux questions et justifiez vos réponses (vous écrivez la phrase du texte qui vous a aidé à trouver la réponse).

Une fête de toutes les musiques pour tous les publics

La Fête de la Musique n'est pas un festival. C'est une grande manifestation populaire, gratuite, ouverte à tous les amateurs ou professionnels. Chaque année, des millions de personnes y participent. La Fête de la Musique propose tous les genres musicaux et s'adresse à tous les publics pour populariser la pratique musicale. Elle permet, aussi, de familiariser jeunes et moins jeunes de toutes conditions sociales à toutes les expressions musicales. Elle est l'occasion de communiquer en musique.

Les musiciens sont invités à jouer bénévolement. Oui, toutes les manifestations sont gratuites pour le public, dans les salles ou en extérieur. Le territoire de la Fête de la Musique est le plein air, les rues, les places, les jardins, les cours d'immeubles, de musées, ou de châteaux… mais la Fête de la Musique invite aussi les grandes institutions musicales (orchestres, opéras, chœurs, etc.) à sortir de leurs murs. La Fête de la Musique propose des concerts dans les hôpitaux ou dans les prisons, de développer les rencontres et les échanges.

Lancée en France, en 1982, la Fête de la Musique est, aujourd'hui, une fête européenne et internationale. Elle est présente dans plus de 100 pays sur les cinq continents, chaque 21 juin. Les ambassades de France, les Instituts et Centres culturels français et les Alliances françaises ont permis ce développement international. En Europe, par exemple, il y a l'association de la Fête européenne de la Musique qui organise beaucoup d'activités musicales.

La Fête de la Musique n'est plus française. Elle est maintenant internationale.

Source : http://fetedelamusique.culture.fr

1. La Fête de la Musique est payante[1].

❑ Vrai.
❑ Faux.

1 payant/e: *kostenpflichtig*

Justifiez votre réponse : ....

2. La Fête de la Musique est réservée aux musiciens.

❑ Vrai.
❑ Faux.

Justifiez votre réponse : ....

3. La Fête de la Musique est très populaire.

❑ Vrai.
❑ Faux.

Justifiez votre réponse : ....

4. La Fête de la Musique est réservée aux jeunes.
❑ Vrai.
❑ Faux.
Justifiez votre réponse : ....

5. La Fête de la Musique est d'origine française.
❑ Vrai.
❑ Faux.
Justifiez votre réponse : ....

6. Les concerts se passent seulement dans la rue.
❑ Vrai.
❑ Faux.
Justifiez votre réponse : ....

7. La Fête de la Musique est internationale.
❑ Vrai.
❑ Faux.
Justifiez votre réponse : ....

Activité 15

Vous allez au cinéma avec votre ami(e). Vous lisez le programme de la semaine. Reliez le résumé au titre du film correspondant. (Aidez-vous des mots clés des résumés.)

	Résumés des films			Titres des films
1	Une famille pauvre dans un pays imaginaire. La pluie et les vents ont détruit les champs et les récoltes. Les parents décident de quitter le pays pour immigrer.	•	•	**Le frère**
2	Un boulanger tombe amoureux d'une de ses clientes, Marie. Mais Marie ne l'aime pas car il n'est pas beau. Le boulanger va tout faire pour gagner l'amour de Marie.	•	•	**Ma passion**
3	Dans une France du XVIe siècle, deux frères se retrouvent après une longue séparation. Ils sont très différents après ces longues années. Vont-ils apprendre à s'aimer ?	•	•	**Vacances à Paris**
4	Un jeune homme traverse son pays en moto pour retrouver la femme de sa vie. Aventures incroyables dans un pays superbe mais difficile.	•	•	**Les études de la liberté**
5	David, danseur talentueux, a des problèmes avec sa mère qui ne comprend pas son amour pour la danse. Comédie musicale sur rythme hip-hop.	•	•	**Voyage en solitaire**
6	Un couple d'Américains se trouve dans la capitale française pour son voyage de noces. Ils sont heureux mais le rêve va devenir un terrible cauchemar.	•	•	**Au revoir !**
7	Mathieu, un élève du lycée agricole, décide de partir de l'école parce qu'il n'aime pas les études. Un film social très fort qui traite des relations parents-enfants.	•	•	**Le pain et l'amour**

Vous et votre ami(e) aimez les films d'aventures. Quel film allez-vous choisir ?

....

Activité 16

LOL est un film français qui parle des adolescents, de leurs problèmes et de leurs joies.
Ce film a eu beaucoup de succès en France.
Beaucoup de jeunes Français ont vu ce film : beaucoup ont aimé, d'autres pas tellement.
Lisez les critiques des spectateurs trouvées sur un forum Internet.
Dites si les personnes ont beaucoup aimé le film, assez aimé le film, pas tellement aimé ou détesté.

Auteur	Critiques du film *LOL*
Patrick a écrit :	*LOL* est un film plaisant. On ne s'ennuie jamais. Des moments amusants et des instants touchants. Ce n'est pas un film génial mais la réalisation est excellente et fait oublier certaines faiblesses dans les dialogues. Morale de l'histoire : ce ne sont pas les ados qui ont de vrais problèmes mais plutôt leurs parents. ❒ A beaucoup aimé ❒ A assez aimé ❒ N'a pas tellement aimé ❒ A détesté
Léa a écrit :	Je ne comprends pas comment on peut faire des films comme ça. Les acteurs jouent mal, les dialogues sont mauvais. J'ai perdu deux heures de mon temps… et 10 €. La prochaine fois, je ne vais pas écouter les conseils de mes amis et des critiques. Je vais rester chez moi, devant la télévision. ❒ A beaucoup aimé ❒ A assez aimé ❒ N'a pas tellement aimé ❒ A détesté
Roshdy a écrit :	J'ai passé un moment formidable. Ça fait longtemps que je n'ai pas vu un film aussi frais et agréable. Le scénario est original, les acteurs sont excellents et la musique est super. Je conseille ce film aux jeunes, aux adultes et aux personnes âgées. Tout le monde doit voir ce film. Je retourne le voir la semaine prochaine avec mes parents. C'est promis. ❒ A beaucoup aimé ❒ A assez aimé ❒ N'a pas tellement aimé ❒ A détesté
Delphine a écrit :	Mais quelle horreur ! Je n'ai jamais rien vu d'aussi nul. N'y allez pas ! Ne le voyez pas ! C'est une catastrophe. ❒ A beaucoup aimé ❒ A assez aimé ❒ N'a pas tellement aimé ❒ A détesté
Marion a écrit :	Ouais, bof, ce n'est pas génial. Je n'ai pas perdu mon temps parce qu'il y a de bonnes scènes. Mais je n'ai pas passé un moment formidable. Toutes les critiques disent que c'est un film excellent. Moi, j'ai trouvé ça très moyen. ❒ A beaucoup aimé ❒ A assez aimé ❒ N'a pas tellement aimé ❒ A détesté
Latika a écrit :	Courez ! Vite ! Achetez votre billet de cinéma le plus vite possible. C'est le film de l'année. ❒ A beaucoup aimé ❒ A assez aimé ❒ N'a pas tellement aimé ❒ A détesté

Activité 17

Vous êtes journaliste pour le journal de votre école. Votre collègue photographe vous donne des photos pour vos articles. Associez les titres aux photos.

A : La circulation[1] augmente tous les jours.
B : La France remporte[2] le 50 mètres nage libre.
C : Le prix des billets d'avion a encore augmenté.
D : Comment soigner[3] son animal domestique ?
E : Le printemps arrive en France !
F : La pollution[4] ! Le mal du XXIe siècle !
G : Le joueur espagnol a encore gagné !
H : Montréal est sous la neige en avril.
I : Des vacances sur l'eau : la nouvelle mode !

1

2

3

4

5

6

7

8

9

A	B	C	D	E	F	G	H	I

1 la circulation: *der Verkehr* – 2 remporter: *gewinnen* – 3 soigner: *pflegen* – 4 la pollution: *die Umweltverschmutzung*

4 ANWEISUNGEN LESEN

Activité 18

Avec votre classe, vous préparez une information sur les accidents domestiques[1]. Regardez les images ci-dessous et associez-les aux phrases correspondantes dans le tableau. Il y a 7 images et 6 phrases.

1. Les animaux domestiques restent à l'extérieur de la chambre d'un bébé.
2. Les appareils électriques ne doivent pas être branchés près d'une source d'eau[2].
3. Les briquets, allumettes doivent être hors de la portée[3] des enfants.
4. Attention aux électrocutions! il faut mettre des caches prises[4].
5. Les produits d'entretien ménager[5] doivent être placés en hauteur.
6. Il faut installer des barrières de protection en bas et en haut des escaliers.

1 l'accident domestique *m.*: *der Unfall im Haushalt* – 2 la source d'eau: *die Wasserquelle* – 3 hors de portée *f.*: *außer Reichweite* – 4 la prise: *die Steckdose* – 5 le produit d'entretien ménager: *das Reinigungsmittel*

A

B

C

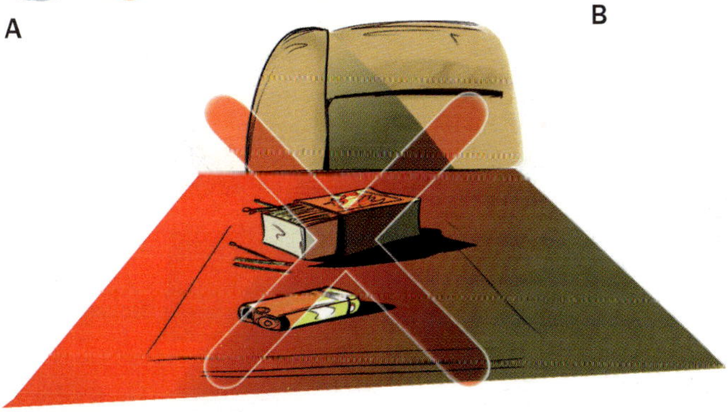

D

E

F

G

1	2	3	4	5	6

Activité 19

Avec votre classe, vous préparez une information sur les accidents domestiques[1]. Regardez les images ci-dessous et associez-les aux phrases correspondantes dans le tableau. Il y a 7 images et 6 phrases.

1. Les piscines et plan d'eau doivent être clôturés[2] pour éviter les noyades.
2. À vélo, il est indispensable de porter un casque.
3. Certaines plantes peuvent intoxiquer[3] les jeunes enfants.
4. Les jouets des enfants doivent être rangés. Ils peuvent causer des chutes.
5. Les outils de jardinage doivent être rangés hors de la portée[4] des enfants.
6. Les enfants doivent être habillés en fonction du climat. En été, les insolations[5] sont fréquentes.

1 l'accident domestique *m.*: *der Unfall im Haushalt* – 2 cloturé/e: *geschlossen/abgesperrt* – 3 intoxiquer: *vergiften* – 4 hors de portée *f.*: *außer Reichweite* – 5 l'insolation *f.*: *der Sonnenstich*

A

B

C

D

E

F

G

1	2	3	4	5	6

SELBSTBEURTEILUNG

	🙂	😐	🙁	🙁🙁
Allgemeine Kompetenz im Leseverstehen Ich kann kurze einfache Texte über konkrete allgemeine Themen verstehen.				
Ich kann unterschiedliche Arten von Texten erkennen (persönlich, öffentlich, beruflich).				
Schriftverkehr verstehen Ich kann unterschiedliche Arten von Standardbriefen erkennen (Information, Anfrage, Reklamation, Bestätigung, Erinnerung).				
Ich weiß, wie ein formeller Brief strukturiert ist.				
Ich kann das Thema eines gewöhnlichen Briefs erkennen.				
Ich kann wichtige Informationen eines gewöhnlichen Briefs verstehen.				
Ich kann unterschiedliche Arten von persönlichen Briefen verstehen.				
Ich kann die Absicht eines persönlichen Briefs verstehen.				
Orientierendes Lesen Ich kann die Zeichen und typischen Schilder in öffentlichen Orten verstehen.				
Ich kann eine spezifische Information in einem typischen Dokument wie einem Fahrplan oder Speisekarte finden.				
Ich kann die wichtigsten Informationen eines Dokuments erfassen.				
Ich kann eine Beschreibung oder Anweisung verstehen.				
Informierendes Lesen Ich kann unterschiedliche Arten von Texten (Werbeprospekt, Artikel, Informationsbroschüre) und ihre Herkunft verstehen.				
Ich kann das Thema eines Artikels oder den Verwendungszweck eines Dokuments erkennen.				
Ich kann die wichtigen Informationen in einem Dokument wiederfinden.				
Ich kann die Information über ein Thema, das mich interessiert, verstehen.				
Anweisungen lesen Ich kann einfache Anweisungen verstehen (Rezept ...).				
Ich kann Sicherheitsanweisungen verstehen.				
Ich kann die Bedienungsanleitung eines Geräts verstehen.				

PRODUCTION ÉCRITE
SCHRIFTLICHER AUSDRUCK

Kompetenzerwartungen

✓ Kann kurze, einfache Notizen und Mitteilungen schreiben.

Briefe schreiben

✓ Kann einen ganz einfachen persönlichen Brief schreiben, z. B. um sich für etwas zu bedanken.

Kreatives Schreiben

✓ Kann mit untereinander verbundenen Sätzen über alltägliche Aspekte seiner Umgebung, z. B. Leute, Ort oder Schule, schreiben.

✓ Kann kurze Texte und einfache Gedichte über Leute schreiben.

1 ÜBER SICH REDEN / EINE PERSÖNLICHE ERFAHRUNG BESCHREIBEN

→ Gelenkte Übung

Die Aufgaben zum schriftlichen Ausdruck machen es erforderlich, dass ihr einige Zeilen schreibt (z. B. um eine Frage zu beantworten)
oder
dass ihr einen kleinen Text schreibt (z. B. eine Postkarte an einen Freund). Die Anzahl der Wörter beträgt maximal 80 Wörter.

Bei anderen Aufgaben handelt es sich um
- einen Brief (z. B. Activité 6)
- eine E-Mail (z. B. Activité 2)
- eine Mitteilung (z. B. Activité 8)
- einen Artikel (z. B. Activité 3)

...

1 Die Art des Textes

Pendant les vacances d'été, vous avez séjourné chez Abel, votre correspondant français. Il vous a présenté toute sa famille. Vous avez rapporté une photo de sa famille. Dans votre journal, vous :
– racontez la rencontre avec la famille de votre correspondant ;
– décrivez sa famille en 60 mots.

Ihr müsst auf die Art des von euch verlangten Textes achten: eine Mitteilung, eine Notiz, ein Brief, eine Postkarte. Hier in dieser Übung sollt ihr etwas in eurer Tagebuch schreiben: Da ist der Stil ziemlich frei.

Doch im Fall einer Postkarte oder einer E-Mail z. B. müsst ihr die Form beachten. Ihr
- datiert das Schreiben (wenn es eine Postkarte oder ein Brief ist),
- beginnt eure Karte oder E-Mail mit einer Begrüßung: „bonjour", „salut" oder etwas formeller „cher/chère + Vorname",
- respektiert die Verhaltensregeln (fragen, wie es dem Empfänger geht, ihn begrüßen, ihn duzen oder siezen ...),
- verabschiedet euch von ihm (ihr sagt „au revoir", „salut", „à bientôt" oder „je t'embrasse"),
- unterschreibt die Karte.

2 Die Anzahl der Wörter und die Ziele

Achtet auf die Anzahl der Wörter, die man von euch verlangt. Hier sind es 60 Wörter. Schreibt nicht zu viel und auch nicht zu wenig: respektiert die Anzahl der geforderten Wörter (+ – 10 %). Das ist wichtig, denn
- ihr sollt präzise sein (mit einer begrenzten Anzahl an Wörtern das sagen, was man von euch verlangt). Deshalb empfiehlt man euch euer Vokabular sorgfältig auszuwählen, euch nicht mit unnötigen Informationen zu verzetteln, vielmehr direkt zum Kern der Sache zu kommen,
- ihr sollt keine unnötigen Risiken eingehen (je mehr ihr schreibt, desto größer ist das Risiko Fehler zu machen),
- ihr sollt auf die Qualität (Grammatik, Wortschatz ...) eurer Arbeit entsprechend eurem Niveau achten: sucht nicht nach Schwierigkeiten, macht einfache Sätze, verwendet die Wörter, die ihr kennt.

Bei dieser Activité habt ihr zwei Ziele mit 60 Wörtern zu verwirklichen:

- erzählen,
- beschreiben.

Macht nichts anderes! Haltet euch daran, was man verlangt und greift auf eure Sprachkenntnisse zurück (z. B. in der Grammatik oder im Wortschatz):

- Erzählen ➜ ihr verwendet das Passé Composé um ein abgeschlossenes Ereignis zu erzählen.
- Beschreiben ➜ ihr nennt Einzelheiten, die wichtig für euch sind. Die Beschreibung erfordert die Verwendung von Adjektiven (gentil/le, grand/e, aimable, généreux/-euse ...).

Es fehlt euch an Fantasie? Dann greift auf eure persönlichen Erinnerungen zurück!
Ihr habt Schwierigkeiten nur erdachte Situationen oder Personen zu beschreiben? Dann ruft eure eigenen Erinnerungen ins Gedächtnis zurück, denkt an Ereignisse oder Erfahrungen aus eurem eigenen Leben. Ihr könnt auch an Situationen denken, von denen euch Freunde oder Familienmitglieder berichtet haben.

→ À vous !

Activité 1

Vous êtes allé(e) en France chez votre correspondant. Avec sa famille, vous avez visité plusieurs villes françaises et européennes. Écrivez une lettre à votre professeur de français et racontez ce que vous avez vu. Aidez-vous des programmes d'activités pour les villes françaises ci-dessous (60 mots).

Ville : Paris – Site visité :
Sacré-Cœur – Visite de nuit – Restaurant

Ville : Avignon – Site visité :
le pont d'Avignon – Balade sur le Rhône

Ville : Carnac – Site visité :
les menhirs de Carnac – Randonnée de 6 km –
Repas chez des amis de la famille

Ville : Chambord – Visite des jardins
et du château – Cocktail au château

....

....

....

....

....

....

....

....

....

....

....

....

....

Activité 2

Dans un forum Internet français sur le cinéma, plusieurs personnes parlent de leur film préféré. Présentez à votre tour un film que vous avez aimé. Racontez l'histoire (un résumé) et décrivez le personnage principal (60 mots).

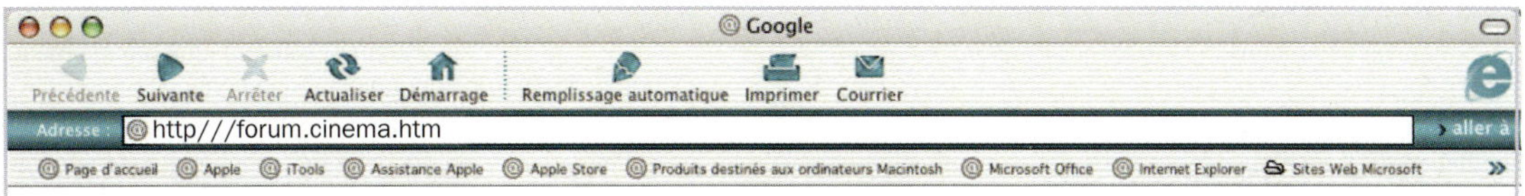

Cinéma

RÉPONDRE

Nom utilisateur:

Sujet: Mon film préféré

Aperçu Envoyer

Activité 3

Vous avez fait une sortie avec votre classe sur le thème de l'environnement[1]. Vous avez fait de nombreuses activités. Vous écrivez un texte qui va être publié dans le journal du lycée. Vous racontez cette journée intéressante. Aidez-vous des images suivantes pour la décrire. Écrivez un texte de 80 mots.

1 l'environnement *m.*: *die Umwelt*

1

2

3

4

5

6

El Aider

Le matin nous sommes allés avec un bus.
Nous sommes arrivés à dans la forêt.
Nous sommes allés par la forêt.
Nous avons nettoyés la forêt avec dix
sac. Amidi nous ~~sommes~~ avons ~~allés~~ visités un
déchèterie. ~~A soir nous sommes allés~~
~~à la maison avec un bus.~~ Nous avons
aidés des ouvriers ~~c'est~~ je pense que l'excursion
a été très interesant.
Le fabric déchèterie a été très gros est
il a été dans le pays. ~~Nous sommes~~
Il ~~c'est~~ c'était drôle. A soir nous
sommes allés à la maison.
A la maison j'ai ~~eu~~ été heureuse, que
j'ai aidé.

Activité 4

Votre professeur de français vous demande quel métier vous souhaitez faire plus tard. Vous décrivez le métier que vous avez choisi et vous expliquez pourquoi. Vous écrivez un texte de 80 mots.

Activité 5

Une étudiante en sociologie fait une enquête[1] sur la vie des adolescents. Vous avez accepté de participer[2] à son travail. Vous répondez à ses questions sur un forum en ligne.

Quelles sont vos activités en dehors de l'école ?

....

....

....

....

....

....

Que pensez-vous du système scolaire[3] de votre pays ?

....

....

....

....

....

....

Qu'est-ce que vous écoutez comme style de musique ?

....

....

....

....

....

....

Comment aimez-vous vous habiller ?

....

....

....

....

....

....

Qu'est-ce qu'un ami, pour vous ?

....

....

....

....

1 l'enquête *f.*: *die Befragung* – 2 participer: *teilnehmen* – 3 le système scolaire: *das Schulsystem*

Comment se passent vos relations avec les adultes ?

....

....

....

....

....

....

Comment se passent vos relations avec les autres adolescents ?

....

....

....

....

....

....

Est-ce que vous aimez lire ? Si oui, qu'est-ce que vous aimez lire ?

....

....

....

....

....

....

Est-ce que vous faites du sport ? Si oui, le(s)quel(s) ? Si non, pourquoi ?

....

....

....

....

....

....

Vous intéressez-vous à la politique ? Pourquoi ?

....

....

....

....

....

....

Activité 6

La semaine dernière, vous avez fait un voyage dans un endroit[1] de votre pays que vous aimez beaucoup. Vous écrivez une lettre à votre ami français, Fabien. Vous lui racontez :
– où vous êtes allé(e) ;
– avec qui vous avez fait ce voyage ;
– ce que vous avez fait.
Vous devez écrire 60 à 80 mots.

1 l'endroit *m.*: *der Ort*

Activité 7

Vous voulez faire du sport. Vous allez dans un club dans votre quartier. Le responsable du club donne les informations nécessaires. Vous êtes intéressé(e). Vous demandez le formulaire d'inscription. Vous le remplissez.

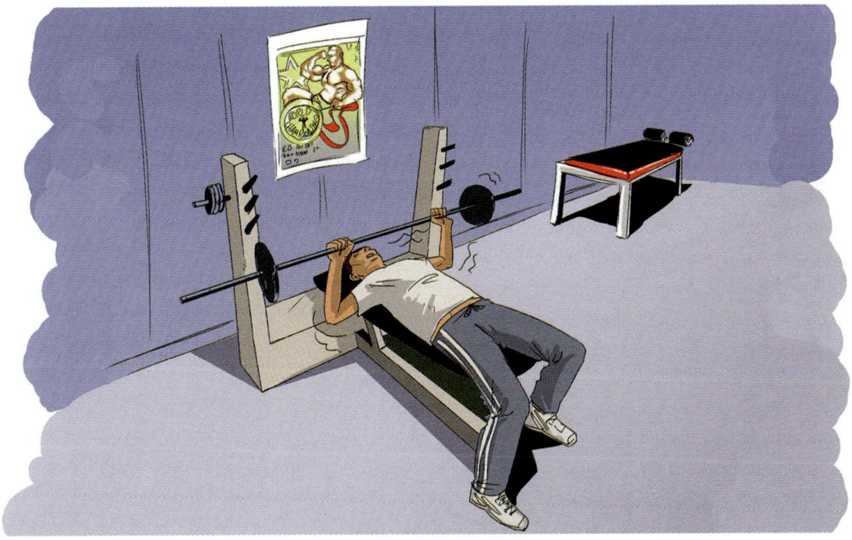

❍ Madame ❍ Mademoiselle ❍ Monsieur

Nom : ______ Prénom : ______

Adresse : ______

Code postal : ______

Ville : ______

Date de naissance : ______ *(jj/mm/aaaa)*

Téléphone : ______ Email : ______

Quel est votre sport favori ? ______

Pratiquez-vous régulièrement un sport ? ______

Lequel ? ______

Combien de fois par semaine ? ______

Comment avez-vous connu notre club ? ______

Quels sont les sports que vous souhaitez faire dans votre club ?

–
–
–
–

2 SCHREIBEN UM ZU INFORMIEREN

Activité 8

C'est l'heure de la rentrée des classes. Écrivez un message électronique (courriel) à votre correspondant français. Racontez-lui votre premier jour de classe. Décrivez :
- votre emploi du temps (voir ci-dessous) ;
- vos nouveaux professeurs. (60 mots)

<table>
<tr><th></th><th>Lundi</th><th>Mardi</th><th>Mercredi</th><th>Jeudi</th><th>Vendredi</th></tr>
<tr><td>8 h 30</td><td rowspan="2">Français
Salle 112</td><td>Mathématiques
Salle 104</td><td rowspan="2">Éducation physique et sportive</td><td>Éducation physique et sportive</td><td>Musique
Salle 214</td></tr>
<tr><td>9 h 30</td><td>Sciences physiques
Salle 012</td><td>Sciences physiques
Salle 012</td><td>Histoire Géographie
Salle 203</td></tr>
<tr><td>10 h30</td><td rowspan="2">Histoire Géographie
Salle 203</td><td rowspan="2">Français
Salle 112</td><td rowspan="2">Mathématiques
Salle 104</td><td rowspan="2">Anglais
Salle 201</td><td rowspan="2"></td></tr>
<tr><td>11 h 30</td></tr>
<tr><td>12 h 30</td><td colspan="5">Repas</td></tr>
<tr><td>14 h 00</td><td rowspan="2">Mathématiques
Salle 111</td><td rowspan="2">Technologie
Salle 001</td><td rowspan="4"></td><td>Mathématiques
Salle 111</td><td>Sciences de la vie et de la terre
Salle 010</td></tr>
<tr><td>15 h 00</td><td rowspan="2">Espagnol
Salle 202</td><td>Français
Salle 112</td></tr>
<tr><td>16 h 00</td><td rowspan="2">Sciences de la vie et de la terre
Salle 010</td><td rowspan="2">Anglais
Salle 201</td><td>Dessin
Salle 215</td></tr>
<tr><td>17 h 00</td><td></td><td></td></tr>
</table>

Professeur de maths : M. Legendre

Professeur de sport : M. Calum

Professeur de français : Mme Aurias

Supprimer | Indésirable | Répondre | Rép. à tous | Réexpédier | Imprimer

De :
Date :
À : correspondantfrançais@ami.fr
Objet : Ma rentrée des classes

Activité 9

C'est bientôt les vacances. Vous écrivez une lettre à votre ami(e) français(e). Vous l'invitez à passer une semaine chez vous. Présentez-lui le programme des vacances, les visites que vous allez faire dans votre ville ou dans votre pays. (80 mots)

....

....

....

....

....

....

....

....

....

....

....

....

....

....

....

....

....

....

....

....

....

Activité 10

Vous avez acheté un disque sur Internet. Il est arrivé chez vous abîmé[1]. Vous écrivez un courriel à la boutique pour:
- expliquer la situation;
- demander l'échange ou le remboursement[2] du disque. (60 mots)

1 abimé/e: *beschädigt* – 2 le remboursement: *die Rückerstattung*

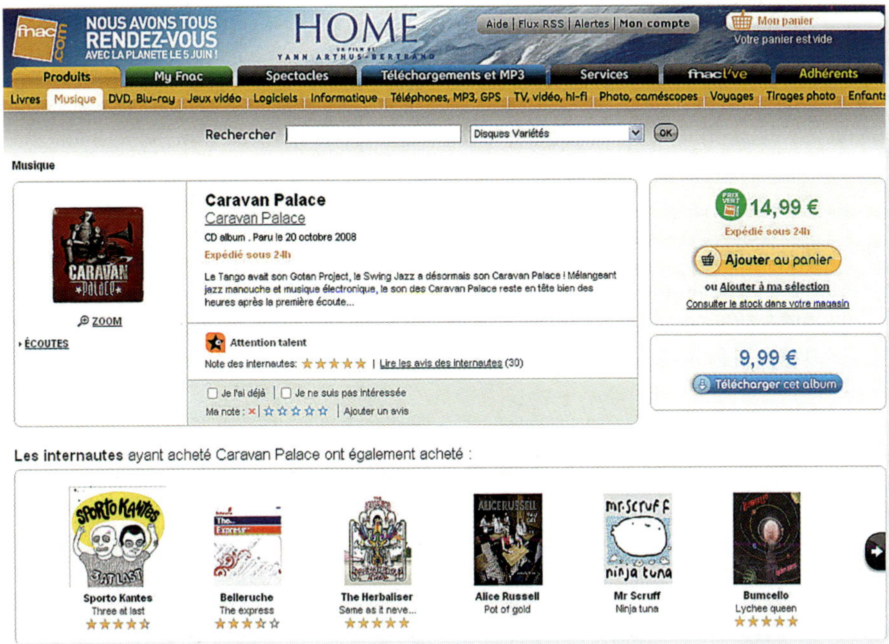

Supprimer | Indésirable | Répondre | Rép. à tous | Réexpédier | Imprimer

De :
Date :
À : achatCD@boutique.fr
Objet : Réclamation

....

....

....

....

....

....

....

....

....

....

....

....

....

Activité 11

Vous étudiez l'allemand. Vous voulez faire un séjour linguistique[1] en Allemagne. Vous êtes très intéressé(e) par cette publicité. Vous écrivez à l'adresse électronique donnée pour demander des informations sur: les prix, le voyage, la famille d'accueil, les dates, les cours d'allemand et les activités.

1 le séjour linguistique: *der Sprachkurs / der Aufenthalt um eine Sprache zu lernen*

Séjour linguistique en Allemagne

Nos cours d'allemand se déroulent dans un cadre stimulant et agréable de Berlin. Les principales attractions de la ville se trouvent à proximité, tout comme les stations de transports publics.

Les cours

Leçons: 20 de 45 minutes
Durée du cours: 2 à 4 semaines
Niveaux: débutant à avancé
Effectif/classe: max. 10 personnes
Âge minimum: 16 ans

Les loisirs

Notre école organise sorties et visites guidées pour permettre aux étudiants de découvrir la dimension culturelle de la langue allemande et les nombreuses attractions de Berlin.

Les logements

Famille d'accueil

Informations

Info-cours-allemand@internet.net

Supprimer | Indésirable | Répondre | Rép. à tous | Réexpédier | Imprimer

De :
Date :
À : Info-cours-allemand@internet-net
Objet :

Activité 12

Le 21 juin, jour de la Fête de la Musique, est la semaine prochaine. Votre ville organise, cette année, la fête de la Fête de la Musique (Si vous ne connaissez pas cette fête, lisez l'article page 43). Pour cet événement, vous et votre ami(e) (un(e) camarade de votre classe) organisez une sortie avec vos amis. Vous et votre ami(e) choisissez deux ou trois autres ami(e)s et vous leur écrivez un courriel pour :

– leur donner rendez-vous à un endroit et à une heure précise ;
– leur proposer d'aller manger dans un restaurant que vous aimez ;
– leur proposer une promenade dans la ville pour voir les concerts (donnez des noms de place, de rue...) ;
– leur proposer d'assister à un concert (votre groupe de musique préféré organise un concert gratuit ce soir-là).

Supprimer Indésirable Répondre Rép. à tous Réexpédier Imprimer

De : vous et votre ami(e)
Date :
À : deux ou trois ami(e)s
Objet :

Activité 13

Vous organisez votre anniversaire. Vous écrivez un courriel à vos amis pour les inviter à passer l'après-midi chez vous. Vous leur donnez des informations sur :
- la date ;
- l'heure ;
- l'adresse ;
- les activités de l'après-midi ;
- la durée de la fête.

Supprimer Indésirable Répondre Rép. à tous Réexpédier Imprimer

De :
Date :
À : tous_mes_amis@internet.net
Objet :

Activité 14

Vous êtes chez vous un après-midi. Vos parents ne sont pas à la maison. Votre meilleur(e) ami(e) téléphone pour vous inviter à aller au cinéma. Le film commence dans 20 minutes. Vous acceptez. Avant de sortir, vous écrivez un message à vos parents pour les prévenir. Vous ne voulez pas qu'ils s'inquiètent[1] à leur retour : ils vont rentrer à la maison avant vous.
Sur le message, vous indiquez :
- à quelle heure vous êtes sorti(e) ;
- où vous êtes ;
- ce que vous faites ;
- avec qui vous êtes ;
- à quelle heure vous rentrez.

1 s'inquiéter: *sich Sorgen machen*

....

....

....

....

....

....

....

....

....

....

....

....

Activité 15

Vous allez voyager à Paris l'été prochain. Vous demandez à votre meilleur(e) ami(e) de venir avec vous. Vous lui écrivez un courriel pour lui faire la proposition. Vous l'informez :
- des dates de départ et de retour ;
- du logement (hôtel, pension, auberge de jeunesse, chez des amis…) ;
- des activités que vous allez faire (visites, sorties, promenades…) ;
- du prix que ça va coûter.

Pour avoir des idées, vous pouvez vous aider des cinq photos suivantes.

Supprimer | Indésirable | Répondre | Rép. à tous | Réexpédier | Imprimer

De :
Date :
À :
Objet :

Activité 16

Vous allez faire une fête chez vous samedi soir pour célébrer la fin de l'année scolaire. Vous avez invité beaucoup d'amis et vous allez faire beaucoup de bruit (musique, rires, discussions, danses...). Vous écrivez un message à vos voisins. Vous :
- les informez de ce qui va se passer ;
- vous excusez ;
- les invitez à venir faire la fête avec vous.

Vous écrivez votre message en 60 à 80 mots.

....

....

....

....

....

....

....

....

....

....

....

....

....

....

....

....

....

Activité 17

Vous cherchez un job pour cet été. Vous lisez l'annonce de la page 72 sur Internet. Elle vous intéresse. Vous ne pouvez pas aller aux journées portes ouvertes. Vous écrivez un message pour avoir des informations :
- vous décrivez ce que vous faites (études, travail...) ;
- vous dites quel type de job vous voulez ;
- vous donnez vos disponibilités (dates, jours de la semaine et heures où vous êtes libre) ;
- vous demandez un rendez-vous avec un conseiller.

Votre message doit faire 60 à 80 mots.

Google

Précédente Suivante Arrêter Actualiser Démarrage Remplissage automatique Imprimer Courrier

Adresse : › aller à

Page d'accueil · Apple · iTools · Assistance Apple · Apple Store · Produits destinés aux ordinateurs Macintosh · Microsoft Office · Internet Explorer · Sites Web Microsoft

cidj
centre d'**information**
et de documentation
jeunesse

C'est le moment de trouver votre job d'été !

Rendez-vous aux Journées Jobs d'été mardi 24 et mercredi 25 mars.
Organisées par le Pôle emploi Tolbiac et le CIDJ, en partenariat avec le Haut Commissariat à la Jeunesse, des milliers d'offres de jobs d'été en France et en Europe, dans tous les secteurs[1], l'animation et le sport.

À Paris : 24 et 25 mars, de 9 heures à 17 heures, à la Cité des sciences et de l'industrie
Espace Condorcet – 30, avenue Corentin Cariou – Paris 19e – Métro Porte de la Villette

Dans toutes les régions : Journées Jobs d'été à partir du 24 mars et jusqu'en avril dans le réseau Information Jeunesse, organisées par les CRIJ, BIJ, PIJ avec le Pôle emploi. Rendez-vous dans le centre Information Jeunesse le plus proche de chez vous !

http://www.cidj.com/

Vous souhaitez poser une question ou communiquer avec le CIDJ, remplissez le formulaire ci-dessous (vous allez recevoir une réponse dans moins de 5 jours).

Sujet de votre message :

Votre message :

ENVOYER

1 le secteur: *die Branche*

3 SCHREIBEN UM ZU ANTWORTEN

Activité 18

Votre club de sport vous invite à la fête de fin d'année. Vous ne pouvez pas y aller. Vous répondez par courriel à votre entraîneur[1] pour lui expliquer pourquoi.

Supprimer | Indésirable | Répondre | Rép. à tous | Réexpédier | Imprimer

De :
Date :
À :
Objet :

....

....

....

....

....

....

....

....

....

....

....

....

....

....

....

....

1 l'entraîneur/-euse: *der/die Trainer/in*

Activité 19

Fête de la Musique 21 juin

Vous recevez ce message de la part de votre ami Olivier. Vous lui envoyez un courriel pour accepter son invitation. Vous lui demandez des explications : l'heure et le lieu du concert. (60 mots).

Supprimer Indésirable Répondre Rép. à tous Réexpédier Imprimer

De : olivier.guitare@rock.com
Date :
À : Salut mes amis
Objet : concert de rock

Salut les amis,

Avec mes copains de l'école de musique, on participe à un concert de rock pour la Fête de la Musique le 21 juin.
Comme il faut réserver des places, pouvez-vous me dire si vous venez ou pas ?

Répondez-moi vite… les places sont gratuites mais elles partent vite !
Je vous embrasse !

À très vite ☺

Olivier

Supprimer Indésirable Répondre Rép. à tous Réexpédier Imprimer

De :
Date :
À : olivier.guitare@rock.com
Objet : RE : **concert de rock**

Activité 20

Votre ami Carlos vous a envoyé ce courriel. Lisez-le :

Supprimer Indésirable Répondre Rép. à tous Réexpédier Imprimer

De : Carlos@internet.net
Date :
À : moi@internet.net
Objet : J'arrive !

Salut,

J'espère que tu vas bien. Je t'écris ce courriel pour t'annoncer une bonne nouvelle. Je vais venir en France cet été. Je vais suivre un cours de français dans une école privée. Je vais y rester 2 semaines. Mes parents m'offrent ce voyage pour mes 16 ans. Je suis super content.

J'ai une autre bonne nouvelle ! Cette école est à Strasbourg... à 10 km de chez toi. Tu imagines ? J'espère qu'on va se voir souvent et que tu vas me faire visiter ta région, l'Alsace.

J'attends de tes nouvelles,

Salut,

Carlos

Vous répondez au courriel de Carlos. Vous :
- lui dites que vous êtes très content(e) de cette nouvelle ;
- lui demandez des informations sur son séjour (dates d'arrivée et de départ, lieu de séjour, horaires des cours...) ;
- lui proposez des activités pendant son séjour.

Supprimer Indésirable Répondre Rép. à tous Réexpédier Imprimer

De :
Date :
À : Carlos@internet.net
Objet :

....

....

....

....

....

....

....

....

....

....

SELBSTBEURTEILUNG

	🙂	😐	🙁	🙁🙁
Allgemeine Kompetenz im schriftlichen Ausdruck Ich kann eine Reihe einfacher Ausdrücke und Sätze schreiben.				
Ich kann Sätze mit einfachen Konjunktionen (*et*, *mais*, *parce que*) verbinden.				
In einer E-Mail oder in einem Brief Ich kann einladen.				
Ich kann positiv auf eine Einladung antworten.				
Ich kann eine Einladung ablehnen.				
Ich kann Glückwünsche aussprechen.				
Ich kann mich bedanken.				
Ich kann um Hilfe bitten.				
Ich kann Anweisungen erteilen.				
Ich kann eine Auskunft erteilen.				
Ich kann mich entschuldigen und Erklärungen geben.				
Ich kann eine positive oder negative Meinung zu einem Film äußern.				
Ich kann meine Unzufriedenheit äußern.				
Kreatives Schreiben Ich kann etwas über das tägliche Leben der Leute schreiben.				
Ich kann etwas über Orte, die Arbeit oder die Schule schreiben.				
Ich kann ein Ereignis, vergangene Aktivitäten und persönliche Erfahrungen kurz beschreiben.				
Ich kann in wenigen Sätzen meine Familie, meine Lebensbedingungen, meine Ausbildung beschreiben.				
Ich kann Biografien von Leuten, die ich mir ausgedacht habe, schreiben.				

PRODUCTION ORALE
MÜNDLICHER AUSDRUCK

Kompetenzerwartungen

✓ Kann mit einer Reihe von Sätzen und mit einfachen Mitteln z.B. die eigene Familie, andere Leute, die Wohnsituation beschreiben.

Zusammenhängendes Sprechen: eine Erfahrung beschreiben

✓ Kann eine Geschichte erzählen oder etwas in wenigen Sätzen beschreiben.

✓ Kann Aspekte seiner täglichen Umgebung wie Leute, Orte, berufliche oder schulische Erfahrung beschreiben.

Öffentliche Ankündigungen

✓ Kann sehr kurze, vorbereitete Ankündigungen mit einem vorhersehbaren Inhalt machen, dass sie für aufmerksame Zuhörer verständlich sind.

Sich an eine Zuhörerschaft wenden

✓ Kann einen kurzen, vorbereiteten Vortrag über in Thema aus seinem Alltagsleben halten.

✓ Kann kurze Begründungen und Erklärungen zu seinen Meinungen, Vorhaben und Tätigkeiten geben.

An Gesprächen teilnehmen

✓ Kann sich in einfachen, routinemäßigen Situationen verständigen, in denen es um einen einfachen, direkten Austausch von Informationen über vertraute Themen geht.

✓ Kann ein sehr kurzes Kontaktgespräch führen.

1 MONOLOG (ZUSAMMENHÄNGENDES SPRECHEN)

→ Gelenkte Übung

Die Aufgaben zum mündlichen Ausdruck verlangen notwendigerweise, dass ihr das Wort ergreift (dass ihr sprecht). Ihr werdet allein (zusammenhängendes Sprechen) oder mit einer oder mehreren anderen Personen sprechen (interaktives Sprechen).
Ihr könnt aufgefordert werden zu sprechen:

- vor einer Person (eurem/eurer Klassennachbarn/-in),
- vor einigen Personen (einer kleinen Gruppe von 2 oder 3 Leuten aus eurer Klasse),
- vor der ganzen Klasse.

Habt keine Angst Fehler zu machen, etwas falsch auszusprechen oder zu stocken! Ihr seid nicht der/die Einzige, der/die Französisch lernt. Eure Klassenkameraden sind in derselben Lage wie ihr.

Die verlangte Sprechdauer ist auch relativ kurz: zwischen 2 Minuten (Zusammenhängendes Sprechen) und 4 Minuten (interaktives Sprechen).

1 Die Vorbereitung

Votre professeur vous a demandé de vous présenter et de parler de vos goûts et préférences. Vous préparez votre présentation. Le tableau vous aide à trouver des idées. Complétez-le.

Bevor ihr sprecht, müsst ihr euch vorbereiten. Ihr habt einige Minuten Zeit (5, 10 oder 15 Minuten) um Informationen zu sammeln, die ihr anschließend eurem/eurer Klassennachbarn/-in, einer Gruppe von Klassenkameraden oder der ganzen Klasse mündlich darbietet.

Achtung! Es gibt auch Aktivitäten ohne Vorbereitung. Da müsst ihr sofort nach dem Lesen des Themas sprechen (z. B. Activité 6).

Mon nom et mon prénom :	Ma saison préférée : ....
Mon âge :	Mon plat préféré : ....
Mon signe astrologique :	Ma couleur préférée : ....
Mes passions :	Ma chanson préférée : ....
Mes sports préférés :	Mon film préféré : ....
Mes loisirs :	Je m'appelle ....
Mes frères et sœurs :	J'ai ....
Mes animaux préférés :	Je suis ....
Mon livre préféré :	

2 Der Vortrag

La classe est divisée en groupes de deux personnes.
Vous avez fini de compléter le tableau? Vous avez maintenant 10 minutes pour préparer votre présentation. Faites, ensuite, votre présentation devant un(e) camarade de classe.

In dieser Activité tragt ihr eure Arbeit nur einer Person vor. Das ist weniger stressig als vor einer Gruppe mit mehreren Personen oder vor der ganzen Klasse. Am Tag der Prüfung sprecht ihr allein vor einem Prüfer oder einer Prüferin. Versucht nicht, eine Rolle zu spielen. Ihr seid keine Schauspieler/in. Gebt euch natürlich.

Es fehlt euch an Fantasie? Dann greift auf eure Erinnerungen zurück!

Ihr habt Probleme über eine Situation oder Personen zu sprechen, die nur in eurer Vorstellung existieren? Greift auf eure eigenen Erinnerungen zurück, denkt an Ereignisse oder Erfahrungen aus eurem Leben. Ihr könnt auch an Situationen denken, von denen euch Freunde oder Mitglieder eurer Familie erzählt haben.

→ À vous !

Activité 1

Vous avez, votre ami(e) et vous, 10 minutes de préparation. La discussion dure 5 minutes.

Vous souhaitez travailler pendant vos vacances d'été. Pour chacun des emplois, suivez les instructions :

1. Présentez-vous.
2. Présentez vos expériences.
3. Dites pourquoi vous voulez faire ça.

A. Cueilleur[1] de fruits dans le Sud de la France

B. Vendeur dans un magasin de vêtements près de chez vous

C. Animateur de centres pour enfants

D. Vendeur de beignets[2] sur la plage

Activité 2

Vous avez 10 minutes de préparation pour chaque sujet. La présentation de chaque sujet dure 2 minutes.

Vous présentez un sujet à votre ami(e). Ensuite, c'est au tour de votre ami(e) de présenter un sujet.

Parler de son pays, de sa ville, de son quartier

1. Parlez de votre pays. Combien y a-t-il d'habitants ? Y a-t-il beaucoup de grandes villes ? Quels sont les endroits que vous préférez dans votre pays ? Y a-t-il des sites historiques[3] ? Quels sont-ils ? Les avez-vous visités ?
2. Parlez de votre ville ou de votre village. Y a-t-il beaucoup de verdure[4] ou au contraire beaucoup d'immeubles ? Y a-t-il des lieux culturels ? Y allez-vous souvent ? Connaissez-vous beaucoup de personnes ? Qui sont-elles ?
3. Parlez de votre quartier. Y a-t-il beaucoup d'habitations à côté de chez vous ? Connaissez-vous vos voisins ? Parlez-vous souvent avec eux ? Y a-t-il des commerces[5] dans votre quartier ? Lesquels ?

1 le/la cueilleur/-euse: *der/die Pflücker/in* – 2 le beignet: *der Krapfen* – 3 le site historique: *der historische Ort* – 4 la verdure: *das Grün* – 5 le commerce: *das Geschäft*

Parler de ses ami(e)s

4. Avez-vous beaucoup d'ami(e)s? Présentez-les. Que faites-vous avec vos ami(e)s? Les voyez-vous souvent? Les invitez-vous souvent chez vous?

5. Avez-vous un(e) meilleur(e) ami(e)? Que faites-vous de particulier avec lui/elle? De quoi lui parlez-vous? Lui téléphonez-vous souvent? Est-il/elle de la même nationalité que vous? Est-il/elle étranger/étrangère? Vient-il/elle d'une autre ville/région que vous ?

6. Présentez les défauts[1] et les qualités de vos ami(e)s.

Parler de sa famille

7. Avez-vous une grande famille? Combien de membres[2] y a-t-il dans votre famille? Avez-vous des frères et sœurs? Quel âge ont vos frères et sœurs? Habitent-ils encore chez vous? Présentez les membres de votre famille.

8. Avez-vous de la famille dans un autre pays que le vôtre? Sont-ils loin? Dans quels pays sont-ils? Comment faites-vous pour prendre de leurs nouvelles? Leur rendez-vous souvent visite?

Parler de ses goûts

9. Qu'aimez-vous faire particulièrement quand vous êtes seul(e)? Préférez-vous être seul(e) ou en compagnie? Pourquoi?

10. Aimez-vous la musique? Quel style de musique préférez-vous? Écoutez-vous souvent la musique? Écoutez-vous la musique seul(e) ou avec d'autres personnes? Pourquoi? Quel(le) est votre chanteur/chanteuse préféré(e)? Dans quelle langue chante-il/elle? Est-il/elle de votre nationalité?

11. Pratiquez-vous un sport? Lequel? Pourquoi? Êtes-vous inscrit(e) dans un club sportif? Combien de fois par semaine allez-vous vous entrainer? Y a-t-il des rencontres sportives avec d'autres clubs de votre pays, d'autres pays? Avez-vous déjà gagné?

12. Regardez-vous souvent la télévision? Quel(s) programme(s) regardez-vous? Pourquoi? À quelle heure regardez-vous le plus souvent la télévision? Pourquoi? Regardez-vous les informations télévisées de votre pays? Pourquoi?

13. Aimez-vous les arts? Allez-vous souvent au cinéma, au théâtre, au musée? Pourquoi? Qu'est-ce que vous aimez dans les arts? Qu'est-ce que vous n'aimez pas? Qu'est-ce que vous détestez?

14. Lisez-vous souvent des livres? Combien de livres lisez-vous par an environ? Pourquoi? Quel(s) type(s) de livre aimez-vous particulièrement? Pourquoi? Avez-vous un livre préféré? Présentez les personnages. Comment sont-ils? Décrivez-les physiquement.

15. Allez-vous souvent au cinéma? Quel est le dernier film que vous avez vu? Vous a-t-il plu ou non? Pourquoi? Qu'est-ce que vous avez aimé dans ce film? Qu'est-ce que vous n'avez pas aimé? Quel est votre genre de film préféré? Pourquoi?

16. Aimez-vous faire la cuisine? Pourquoi? Qui fait la cuisine chez vous? Est-ce que vous cuisinez? Quel plat préparez-vous? Quel est votre plat préféré? Donnez la recette de ce plat.

Parler de son école

17. Dans quelle école êtes-vous? Est-elle grande? Combien y a-t-il d'élèves? Connaissez-vous beaucoup d'élèves? Combien d'élèves y a-t-il dans votre classe? À quel endroit êtes-vous assis dans la classe? Avez-vous des ami(e)s dans votre classe? Présentez-les.

1 le défaut: *die Schwäche* – 2 le membre: *das Mitglied*

18. Avez-vous beaucoup de professeurs ? Présentez-les. Quelles matière(s) avez-vous ? Quelle(s) matière(s) préférez-vous ? Pourquoi ? Quel professeur préférez-vous ? Pourquoi ?

19. Habitez-vous loin de l'école ? Comment allez-vous à l'école ? Pourquoi ? Y a-t-il des transports en commun[1] pour aller à l'école ? Allez-vous à l'école avec des ami(e)s ? Où est-ce que vous vous retrouvez ?

20. Avez-vous beaucoup de devoirs à faire à la maison ? Quand faites-vous vos devoirs ? À quelle heure ? Demandez-vous souvent des conseils pour faire vos devoirs ou faites-vous toujours vos devoirs seul(e) ? Pourquoi ?

Parler de ses habitudes

21. Qu'est-ce que vous faites le matin généralement avant d'aller à l'école ? Prenez-vous un petit-déjeuner ? Qu'est-ce que vous mangez ?

22. Quand vous rentrez de l'école, qu'est-ce que vous faites généralement ?

23. Qu'est-ce que vous faites généralement quand il n'y a pas école ?

Parler d'événements[2] passés

24. Parlez d'un événement passé heureux ou malheureux. Que s'est-il passé ? Où étiez-vous ? Avec qui étiez-vous ? Est-ce que cet événement a duré longtemps ? Dites ce que vous avez ressenti[3].

25. Parlez d'une fête à laquelle vous avez participé[4]. À quelle occasion cette fête s'est-elle déroulée[5] ? Y avait-il beaucoup de monde ? Qu'avez-vous fait ? Racontez vos impressions.

26. Avez-vous déjà voyagé ? Présentez les villes et pays que vous avez visités. Aimez-vous voyager ? Pourquoi ? Racontez vos différents voyages. Avec qui avez-vous déjà voyagé ? Dites si vous avez aimé et pourquoi ?

Parler d'événements futurs

27. Dites ce que vous voulez faire quand vous allez terminer vos études. Quel métier allez-vous choisir ? Pourquoi ?

28. Dans quel(s) pays vous souhaitez aller ? Qu'allez-vous faire dans ce(s) pays ? Qu'est-ce que vous allez visiter ?

1 le transport en commun: *das öffentliche Verkehrsmittel*
2 l'événement *m.*: *das Ereignis*
3 ressentir: *fühlen*
4 participer: *teilnehmen*
5 se dérouler: *stattfinden*

Activité 3

un médecin

un conducteur de TGV

un agriculteur

un professeur

une chanteuse

Vous exposez à la classe le métier que vous voulez faire plus tard. Vous pouvez choisir un métier proposé ci-dessus. Vous avez 10 minutes pour vous préparer.
- Vous dites pourquoi vous voulez faire ce métier.
- Vous expliquez les études nécessaires pour faire ce métier.
- Vous décrivez ce métier.

Votre exposé oral doit durer 3 minutes. Vos camarades peuvent, après votre exposé, vous poser quelques questions.

Activité 4

Une histoire extraordinaire ?

Voici quelques photos. Vous allez **toutes** les utiliser pour raconter une histoire, une aventure qui vous est arrivée. Vous devez imaginer cette histoire. Vous aller faire ce travail avec un(e) camarade de classe.

– Vous avez 15 minutes pour inventer votre histoire.

– Vous allez, ensuite, la raconter à la classe (vous racontez la moitié, votre camarade raconte l'autre moitié).

Activité 5

La classe est divisée en groupes de deux personnes.

Vous choisissez deux situations ; votre camarade en choisit deux autres. Chacun à votre tour, vous devez raconter ce qui s'est passé : vous vous mettez à la place de la personne de la photo. Vous expliquez pourquoi vous êtes tombé(e) ou pourquoi votre voiture est abîmée.
Votre camarade peut vous poser des questions pour comprendre la situation.

Vous devez parler deux minutes pour chaque situation.

Situation 1

Situation 2

Situation 3

Situation 4

2 INTERAKTIONSAUFGABEN

Activité 6

Par deux, jouez les situations suivantes. Vous jouez le client / la cliente et votre ami(e) joue le vendeur / la vendeuse. Quand vous avez fini, vous échangez les rôles.

Pour chaque magasin :
– vous saluez le vendeur ou la vendeuse,
– vous lui demandez ce dont vous avez besoin (objets, quantité, taille[1]…),
– vous le/la remerciez[2],
– et vous prenez congé[3].

A. un boulanger dans une boulangerie

B. une maraîchère[4] derrière un étalage de marché

C. un boucher dans une boucherie

D. un vendeur dans un magasin de sport

E. une libraire dans une librairie

F. une vendeuse dans un magasin de vêtements

1 la taille: *die Größe* – 2 remercier qn: *sich bei jdm bedanken* – 3 prendre congé: *sich verabschieden* – 4 le/la maraîcher/-ère: *der/die Gemüsebauer/-bäuerin*

Pour les activités suivantes, vous avez, votre ami(e) et vous, 10 minutes de temps de préparation. La discussion dure 5 minutes. Vous devez simuler un dialogue avec un(e) camarade de classe pour trouver une solution à une situation de la vie quotidienne. Vous montrez que vous êtes capable de saluer et d'utiliser les règles de politesse.

Activité 7

Vous souhaitez offrir un cadeau à votre correspondant français pour son anniversaire. Vous hésitez. Discutez avec votre ami(e) des goûts[1] et des habitudes de votre correspondant.

Activité 8

Dans la rue, vous avez trouvé un animal (chat, chien, ...). Il est perdu. Vous l'apportez chez vous. Vous appelez votre ami(e) au téléphone. Vous décrivez l'animal et vous essayer de trouver des solutions pour retrouver ses maîtres.

Pour les activités suivantes, Vous avez, votre ami(e) et vous, 5 minutes de temps de préparation. La discussion dure 3 à 5 minutes.

Vous devez simuler un dialogue avec un(e) camarade de classe pour trouver une solution à une situation de la vie quotidienne. Vous montrez que vous êtes capable de saluer et d'utiliser les règles de politesse.

Activité 9

Vous souhaitez vous inscrire à un cours de sport collectif pour l'année entière. Vous allez vous renseigner au service des sports de votre ville. Votre ami(e) joue le rôle de l'agent administratif chargé du sport de votre ville.

Activité 10

Chaque élève de votre classe doit aller enquêter sur un métier particulier. Vous allez voir le directeur d'une entreprise. Vous posez des questions sur l'entreprise, les métiers représentés dans l'entreprise. Votre ami(e) joue le rôle du directeur.

Activité 11

Vous partez en voyage avec votre famille. Vous allez manquer un jour de classe (vous allez être absent une journée). Vous allez voir votre professeur principal pour lui expliquer. Vous lui demandez comment vous pouvez rattraper[2] les cours. Vous lui proposez des solutions. Votre ami(e) joue le rôle du professeur.

Activité 12

Vous voulez que vos parents vous achètent un ordinateur. Vous discutez avec votre père ou votre mère. Vous lui expliquez pourquoi c'est un bon achat pour vos études et surtout pour apprendre le français. Votre ami(e) joue le rôle de votre père ou votre mère.

Activité 13

Votre famille vous offre un abonnement à un magazine pour votre anniversaire. Vous discutez avec votre père ou votre mère pour choisir le magazine dans la liste proposée, page 88. Votre ami(e) joue le rôle de votre père ou votre mère.

1 le goût: *die Vorliebe* – 2 rattraper: *nachholen*

Le Monde des ados

Toutes les réponses aux questions des 10-14 ans

Un mercredi sur deux, *Le Monde des ados* répond aux questions des adolescents : le dossier « C'est pas sorcier » étudie la société, les sciences, l'environnement et l'histoire. Des rubriques plus personnelles permettent aux jeunes de mieux se connaître et se construire. Sans oublier les bons plans, les jeux, les tests, les posters et 13 pages de BD.

Âge : 10-14 ans – **Abonnement** : 12 mois – **Nombre de numéros** : 22 – **Périodicité** : bimensuel

L'actu

de 14 à 18 ans. L'essentiel de l'actualité vite et bien.

Chaque jour, du mardi au samedi inclus, *l'actu* présente l'ensemble de l'information. Le mardi : un dossier de 4 pages en lien avec le programme scolaire : histoire, économie, sciences.

Âge : 14 ans et plus – **Abonnement** : 10 mois – **Nombre de numéros** : 200 – **Périodicité** : quotidien

L'Étoile de l'info et de la solidarité

L'actualité mondiale dès 14 ans

L'Étoile de l'info et de la solidarité est un magazine mensuel. Véritable outil de réflexion multiculturel, le lecteur y retrouve chaque mois les faits essentiels de l'actualité mondiale : politique, économique, sociale, écologique, technologique, scientifique, sportive, culturelle...

Âge : 14-16 ans – **Abonnement** : 12 mois – **Nombre de numéros** : 12 – **Périodicité** : mensuel

Phosphore

Magazine dès 13 ans

Phosphore est un magazine mensuel pour les adolescents, qui détaille l'information par des dossiers et des reportages clairs et précis. C'est aussi des conseils et informations sur l'orientation scolaire, les études et les métiers, sans oublier les pages loisirs et culture (cinéma, musique, débats, bons plans, tendances...).
Âge : 13 ans et plus – **Abonnement** : 12 mois – **Nombre de numéros** : 12 – **Périodicité** : mensuel

Julie Magazine

Magazine fille de 8 à 12 ans

Julie, c'est le magazine des filles. Ce magazine répond à toutes les questions des filles. Des réponses claires et précises sur l'actualité, des informations sur les métiers, des tests et conseils « psycho », mais aussi les sciences ou encore l'histoire, sans oublier les jeux et les blagues.

Âge : 8-12 ans – **Abonnement** : 12 mois – **Nombre de numéros** : 12 – **Périodicité** : mensuel

GÉO Ado

Magazine des 10-15 ans

GÉO Ado : le magazine des adolescents qui aiment l'aventure !
Avec *GÉO Ado*, les jeunes partent à la découverte de la planète Terre : photos étonnantes, évasion culturelle, rencontre des ados d'autres pays et de leurs habitudes... *GÉO Ado*, c'est aussi des BD et toute l'actu des ados : web, ciné, livres, télé, musique, jeux vidéo et vidéo.

Âge : 10-15 ans – **Abonnement** : 11 mois – **Nombre de numéros** : 12 – **Périodicité** : mensuel

Activité 14

Programme PARIS Campus — **Séjour « tout compris »**

Camp d'été pour jeunes de 13 à 17 ans.

Ce programme est fait **pour les jeunes** de 13 à 17 ans. Il répond :

- aux attentes des parents en matière de **sécurité**, de **confort**, et de **qualité pédagogique** ;
- aux jeunes qui souhaitent découvrir Paris, **s'amuser**, faire du sport et rencontrer d'autres jeunes.

Campus d'été pour jeunes ▸▸▸ http://www.paris-junior.com/Fr/accueil.php

Vous avez, votre ami(e) et vous, 10 minutes de préparation. Votre discussion dure 5 minutes.

Vous voulez faire un séjour linguistique[1] en France. Vous avez choisi ce centre. Vous allez parler de ce séjour linguistique à un(e) ami(e) (un(e) camarade de votre classe). Vous ne voulez pas aller en France seul(e). Vous voulez que votre ami(e) vienne avec vous.
- Vous lui parlez des informations de la publicité.
- Vous lui dites pourquoi vous voulez aller en France.
- Vous lui demandez de vous accompagner.

Votre ami(e) ne veut pas vous accompagner. Votre ami(e) :
- vous explique pourquoi il/elle ne veut pas venir avec vous ;
- vous propose un autre voyage.

Activité 15

Vous n'avez pas de temps de préparation pour cet exercice. La discussion doit durer 3 à 5 minutes.

Vous trouvez cette publicité sur Internet. Vous rêvez d'aller au Canada. Le prix proposé est très intéressant. Vous en parlez à un(e) ami(e) (un(e) camarade de classe) :
- vous lui dites pourquoi vous voulez visiter ce pays ;
- vous lui proposez de vous accompagner ;
- vous lui proposez des activités.

Votre ami(e) vous pose des questions.

1 le séjour linguistique: *der Sprachkurs / der Aufenthalt um eine Sprache zu lernen*

Activité 16

Quand vous voyez la tour Eiffel,
à quel pays pensez-vous ?
À la France, bien sûr.

À quels pays pensez-vous quand vous voyez ces monuments célèbres ?

1 

2 

3 

4 

5 

6 

7 

8 

La classe est divisée en groupes de deux personnes.

1re partie de l'activité

– Avec un(e) camarade de classe, dites à quel pays vous pensez pour chaque monument. Vous avez 5 minutes pour trouver toutes les réponses.
– Vous comparez, après, vos réponses avec le reste de la classe.

2e partie de l'activité

Avec votre camarade :
– vous pensez à un monument célèbre (de votre pays ou d'un autre pays) ;
– vous écrivez le nom de ce monument sur un papier et vous retournez ce papier ;
– vous ne dites rien aux autres personnes de la classe.

Les personnes des autres groupes vous posent des questions pour deviner quel est ce monument. Vous répondez par oui ou par non. Vous ne donnez pas d'autres informations. Quand vos camarades de classe ont deviné votre monument, vous montrez le nom écrit sur votre papier. Vous allez aussi poser des questions à vos camarades pour deviner leur monument.

Attention ! Les autres groupes ont 5 minutes pour deviner votre monument. S'ils ne trouvent pas après 5 minutes, vous et votre camarade avez gagné !

Activité 17

Présentez votre famille !

Apportez en classe cinq photos de votre famille (frère, sœur, mère, père, tante, oncle, grands-parents, cousin, cousine, nièce, neveu, marraine, parrain…).
La classe est divisée en groupes de trois personnes :
– vous montrez toutes vos photos aux camarades de votre groupe ;
– vous leur dites qui se trouve sur ces photos (oncle, tante, père, nièce…) mais vous ne dites pas à quelle photo ces personnes correspondent ;
– vos camarades vont vous poser des questions pour deviner sur quelle photo est votre père, mère, sœur, tante… ;
– vous devez, à votre tour, trouver toutes les personnes sur les photos de vos camarades.

Activité 18

CLUB DE SPORT
pour les 12 ans et plus !

- **Lieu :** gymnase, stade ou extérieur
- **Horaire :** 13 h 30 à 16 h 30
- **Tarif à l'année :** 186 € / an (de 12 à 15 ans) ; 200 € / an (de 16 à 18 ans)
- **Activités :** escalade, athlétisme, natation, gymnastique, football, tennis, badminton, roller, patinette, basket-ball, randonnées, danse, judo
- **Conditions d'inscription :** 1 certificat médical – 1 autorisation des parents (pour les moins de 18 ans) – 1 photo – 1 pièce d'identité (passeport, carte d'étudiant, carte d'identité)

La classe est divisée en groupes de deux personnes. Chaque personne a un rôle à jouer :
– vous êtes dans un club de sport ;
– l'un de vous deux joue le rôle de la personne qui veut s'inscrire : vous posez des questions au responsable du club ;
– l'autre personne joue le responsable du club et donne des informations aux clients.
Vous devez vous aider de la fiche de présentation du club.

Activité 19

La classe est divisée en groupes de deux personnes. Vous devez, avec votre camarade, inventer six petits dialogues de 2 minutes chacun. Chacun à votre tour, vous jouez les personnages dessinés en pages 91 et 92. La personne qui joue l'interlocuteur[1] commence le dialogue : il pose des questions au personnage dessiné. Votre dialogue doit être en relation avec la profession du personnage dessiné. Vous n'avez pas de temps de préparation pour cette activité.

1 l'interlocuteur/-trice: *der/die Ansprechpartner/in*

A

B

C

Activité 20

La classe est divisée en groupes de deux personnes.
- Choisissez une photo parmi les cinq suivantes.
- Regardez cette photo avec attention pendant une minute (pas plus). Regardez bien tous les détails.
- Après une minute, fermez votre livre.
  ➜ Votre camarade vous pose alors des questions sur la photo (pendant deux à trois minutes). Vous devez lui donner les bonnes réponses.
  ➜ C'est ensuite à votre camarade de choisir une photo et à vous de lui poser des questions.

Vous pouvez faire cette activité avec d'autres photos trouvées dans des magazines.

1

2

3

4

5

SELBSTBEURTEILUNG

	☺	😐	☹	☹☹
Allgemeine Kompetenz im mündlichen Ausdruck Ich kann Leute, Lebensumstände, alltägliche Aktivitäten einfach beschreiben und vorstellen.				
Ich kann sagen, was ich mag und was ich nicht mag.				
Ich kann eine Reihe von kurzen Sätzen bilden.				
Zusammenhängendes Sprechen: eine Erfahrung beschreiben Ich kann Leute, Orte und Dinge mit einfachen Worten beschreiben.				
Ich kann meine Familie, meine Lebensumstände, meine Ausbildung, meine gegenwärtige oder die zuletzt ausgeübte Arbeit beschreiben.				
Ich kann erklären, warum mir etwas gefällt oder nicht gefällt.				
Ich kann die Sachen, die mir gehören, einfach beschreiben.				
Ich kann Pläne, täglich wiederkehrende Gewohnheiten und Beschäftigungen, vergangene Tätigkeiten und persönliche Erfahrungen beschreiben.				
Ich kann eine kurze Beschreibung eines Ereignisses oder einer Tätigkeit liefern.				
Ich kann eine Geschichte mit Hilfe einer kurzen Liste mit Stichwörtern erzählen.				
Ich kann Aspekte meines Alltags wie Leute, Orte, berufliche oder schulische Erfahrungen beschreiben.				
Öffentliche Bekanntmachungen Ich kann kurze, vorbereitete Bekanntmachungen vortragen.				
Sich an eine Zuhörerschaft wenden Ich kann einfache, direkte Fragen beantworten.				
Ich kann einen kurzen, vorbereiteten Vortrag über ein bekanntes Thema halten.				
Ich kann einen kurzen, vorbereiteten Vortrag über ein Thema meines täglichen Lebens halten.				
Ich kann einfache Begründungen und Erklärungen meiner Meinungen, Pläne und Handlungen geben.				

Trois jours dans la vie d'Alice et de Malik

Nous allons partager trois jours d'une semaine habituelle d'Alice et de Malik.
Alice est lycéenne. Elle est en terminale[1]. Elle a 17 ans. Malik, lui, est au collège en 3e. Il a 14 ans. Ils habitent la même ville, Villepinte. Villepinte se trouve dans le département de la Seine-Saint-Denis (93), dans la région Île-de-France. Le lycée et le collège sont situés l'un à côté de l'autre[2]. Parfois, ils reviennent de l'école ensemble.

Voici un extrait de l'agenda d'Alice :

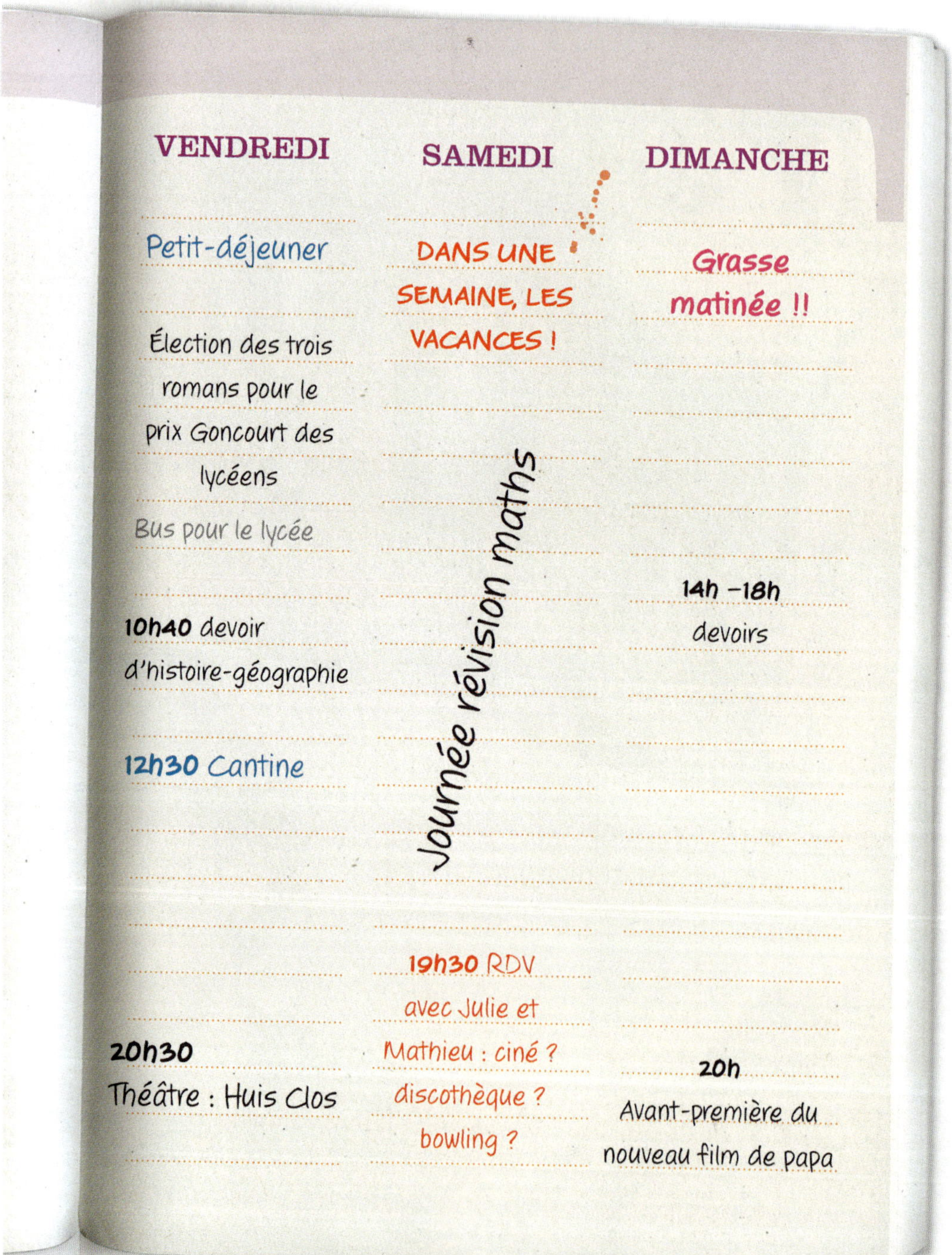

1 la terminale: *die Abschlussklasse* – 2 l'un à coté de l'autre: *nebeneinander*

Voici un extrait de l'agenda de Malik :

Sommaire

LE PETIT-DÉJEUNER

Alice et Malik commencent l'école à 8h30. Ils ont mis le réveil à 7h00. Il leur faut le temps de prendre une douche, de s'habiller, de prendre leur petit-déjeuner.

Boisson chaude et tartine: le petit-déjeuner type des Français

Les Français préfèrent le petit-déjeuner continental, à base de boisson chaude et de tartine, à l'anglo-saxon, plus complet. C'est en tout cas ce que révèle une étude[1] du Crédoc dans sa Lettre *Consommation et Modes de Vie* du mois de juillet.

D'après cette étude, 93 % des petits-déjeuners des Français contiennent[2] des boissons chaudes, 54 % se composent[3] d'une tartine, 41 % y ajoutent du beurre et 27 % de la confiture ou du miel. Les céréales et les fruits sont quant à eux respectivement présents dans 6 % et 7 % des petits-déjeuners. Enfin, 14 % des Français boivent du jus de fruits au réveil.

Les habitudes varient toutefois selon les âges. Ainsi, si les adultes se contentent d'une boisson chaude et d'une tartine, avec parfois un produit laitier en plus, le petit-déjeuner des enfants s'avère[4] beaucoup plus complet, notamment chez les 7-9 ans. Croissance oblige, 19 % des repas matinaux des enfants se composent d'un produit céréalier, d'un produit laitier et d'un fruit ou jus de fruits. Quant aux adolescents, ils sont 17 % à consommer ces trois types de produit le matin.

Si le petit-déjeuner continental reste largement le préféré des adultes, le Crédoc souligne en conclusion de son étude que le modèle anglo-saxon (avec céréales et fruits ou jus de fruits) se développe en France, et pourrait devenir « majoritaire dans l'avenir si les enfants et les adolescents gardaient leurs habitudes en vieillissant ».

www.ladepeche.fr
Source: Crédoc, *Consommation et Modes de Vie*, n° 204, juillet 2007.

1 l'étude *f.*: *die Studie* – 2 contenir: *enthalten* – 3 se composer: *bestehen aus* – 4 s'avérer: *sich erweisen*

➥ Les chiffres du petit-déjeuner en France

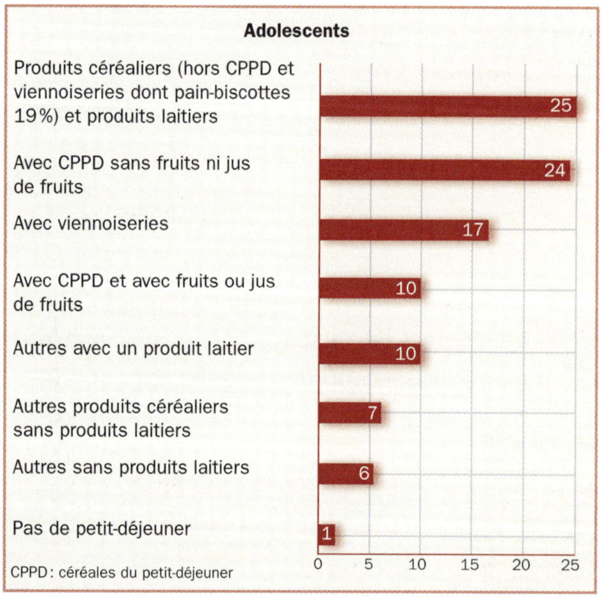

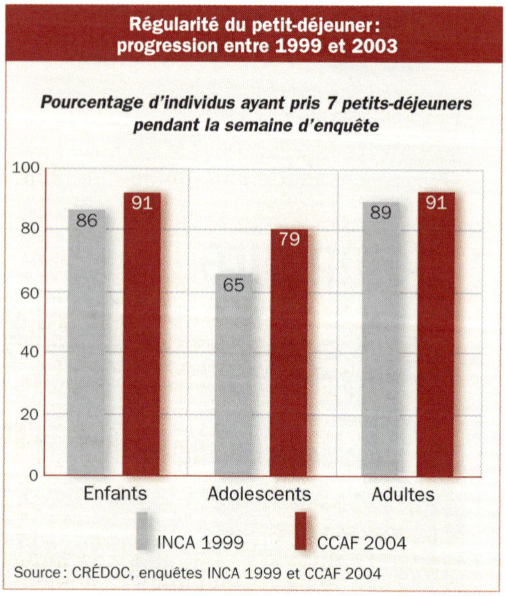

Voici le petit-déjeuner d'Alice :

Voici le petit-déjeuner de Malik :

LA CANTINE

La maman de Malik a trouvé un travail. Elle ne peut plus s'occuper du repas de Malik à midi. Il doit à présent manger à la cantine du collège.
La maman de Malik envoie un courrier au proviseur du collège pour inscrire Malik à la cantine.

Monsieur le Directeur,

Je vous demande de bien vouloir inscrire mon fils Malik Ouali, 3e B, à la cantine du collège à partir du lundi 9 novembre.

Jusqu'à présent, mon emploi du temps professionnel me permettait d'accueillir mon enfant à l'heure du déjeuner. Aujourd'hui, un changement dans ma situation ne me laisse plus cette liberté.

Dans l'attente d'une réponse favorable, je vous prie de croire, Monsieur le Directeur, à l'expression de mes sentiments distingués.

Mme Ouali

Le self du collège

MENU DU VENDREDI

BETTERAVES
OU SALADE DE MAÏS

LASAGNES AU SAUMON

FROMAGE

ENTREMETS VANILLE
OU FROMAGE BLANC
AUX FRUITS
OU FRUIT

COMMENT ALICE ET MALIK VONT À L'ÉCOLE ?

Alice et Malik utilisent les transports en commun pour aller à l'école.

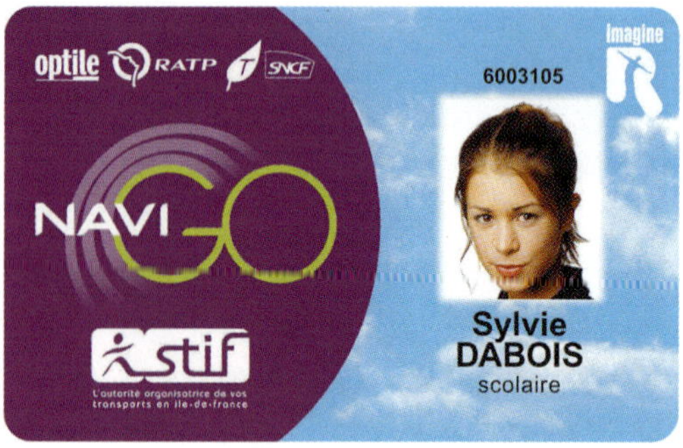

imagine R, c'est…

… Un titre de transport[1] unique valable 12 mois très économique (– 50 % de la Carte Orange sur un an). Un passe Navigo imagine R (carte à puce nouvelle technologie) rechargeable[2] chaque année, + pratique, + rapide !

Les avantages | **Les + d'imagine R** | **Les bons plans** | **L'agence imagine R**

Abonnements
Tarifs
Les modalités
Les financeurs

Abonnements

Simplicité
Un forfait valable 1 an financé par le STIF et la Région Île-de-France. La possibilité de voyager sur tous les transports d'Île-de-France 75, 77, 78, 91, 92, 93, 94, 95 dans le Métro, Bus, Tram, Train, RER (sauf Orlyval et Allobus CDG).

Liberté
Quelles que soient les zones choisies, vous avez libre accès à toute l'Île-de-France les week-ends, jours fériés, durant les vacances scolaires (Toussaint, Noël, hiver et printemps de la zone C) et du 1er juillet au 31 août.

Souplesse
La première année pour les scolaires, l'abonnement est valable 13 mois. Pour les étudiants, cinq dates de début d'abonnement sont proposées : 1er septembre, 1er octobre, 1er novembre, 1er décembre et 1er janvier.

Économie
Imagine R, c'est moins cher : jusqu'à 50 % d'économie par rapport[3] à la Carte Orange.

Des +
Toujours des bons plans et des réductions[4] toute l'année sur présentation du passe.

Pour bénéficier du forfait imagine R, il faut :
– avoir moins de 26 ans au 1er septembre ;
– être étudiant, ou collégien, lycéen, ou apprenti[5] en formation par alternance d'un niveau inférieur au baccalauréat.

Source : http://www.imagine-r.com

Alice choisit de prendre le bus pour aller et revenir de l'école. Malik, lui, va à pied au collège et revient en bus. Ils ont tous les deux la carte imagine R.

1 le titre de transport: *die Fahrkarte* – 2 rechargeable: *wieder aufladbar* – 3 par rapport à: *in Vergleich zu* – 4 la réduction: *die Ermäßigung* – 5 l'apprenti/e: *der/die Auszubildende*

OÙ ALICE ET MALIK VONT À L'ÉCOLE ?

Alice et Malik vont dans un lycée et un collège proches de chez eux.

ASSOUPLISSEMENT[1] DE LA CARTE SCOLAIRE GUIDE PRATIQUE PARENTS

Pour la rentrée 2008, vous pouvez choisir l'établissement scolaire[2] de votre enfant. C'est une manière de favoriser[3] l'égalité des chances et la diversité sociale au sein[4] des établissements scolaires.

Quelle est la règle générale ?
La règle générale n'a pas changé: les enfants sont inscrits dans l'établissement le plus proche de leur domicile.

Dans quel établissement l'affectation[5] de mon enfant est-elle garantie ?
L'affectation de votre enfant est garantie dans le collège ou le lycée le plus proche de votre domicile, sauf demande de dérogation[6] de votre part.

Puis-je inscrire mon enfant dans l'établissement scolaire de mon choix ?
Si vous souhaitez inscrire votre enfant dans un autre établissement, vous devez faire une demande de dérogation. Cette demande sera satisfaite s'il y a de la place dans l'établissement demandé.

Source : http://www.education.gouv.fr

1 l'assouplissement *m.*: *die Lockerung* – 2 l'établissement scolaire *m.*: *die Schule* – 3 favoriser: *begünstigen* – 4 au sein de qc: *in* – 5 l'affectation *f.*: *der Platz* – 6 la dérogation: *die Erlaubnis*

La scolarité

L'EMPLOI DU TEMPS

Alice a choisi, au lycée, une filière générale scientifique. Elle est en terminale S. Malik, lui, est au collège dans une troisième générale.

L'emploi du temps d'Alice :

	Lundi	Mardi	Mercredi	Jeudi	Vendredi
08h30	Philosophie Beauron E. S 62	SVT Astier F. Labo SVT	Mathématiques Pruvot A. S 63	1/2 ENS SPE physique-chimie Cabanne J. labo physique	Anglais 1 Malagnoux S. S 71
09h25	Mathématiques Pruvot A. S 63				Anglais 1 Malagnoux S. S 81
10h40		Physique-Chimie Cabanne J. Labo Physique	Histoire-Géographie Masson L. S 82	Mathématiques Pruvot A. S 64	Histoire-Géographie Masson L. S 82
11h35	1/2 Allemand 2 Gathuru M. S 63		—	—	Soutien Français Beauron E. S 62
	—	—	—	—	—
13h30	SVT Astier F. Labo SVT	ECJS Mamou D. S 82 / Histoire-Géographie Masson L. S 41	1/2 EPS Recizac A.	Anglais 1 Malagnoux S. S 71	Devoir surveillé Vie scolaire permanence
14h25	—	1/2 Allemand 2 Gathuru M. S 43		Physique - Chimie Cabanne J. Labo Physique	
15h35	1/2 M U N Denis E. S 61	Philosophie Beauron E. S 67	Physique - Chimie Cabanne J. Labo Physique		
16h30	—		—	Heure vie de classe Masson L. S 82	

L'emploi du temps de Malik :

	Lundi	Mardi	Mercredi	Jeudi	Vendredi
08h00	Éducation physique & sportive Jestin	Anglais LV1 Pleyber C 117 / Français Merceur C 213	Français Merceur C 213	Anglais LV1 Pleyber C 117	Espagnol LV2 Rabineau C 107
09h00		Physique-Chimie Boutet B 103	Technologie Ploe A3	Mathématiques Costiou C 10	Éducation musicale Delanney C 117
10h00	Sec. inter Littérature Comba C 105	Histoire & Géographie Commelin C 119 / Technologie Ploe A3	Éducation physique & sportive Jestin	Histoire & Géographie Commelin C 119	Espagnol LV1 Rabineau B 107
11h00	Espagnol LV2 Rabineau C 120	Espagnol LV2 Rabineau C 120	Histoire & Géographie Commelin C 119	Arts plastiques Bellamy C 14	Anglais LV1 Pleyber C 117
12h00					
13h00	Histoire & Géographie Commelin C 119	Espagnol LV1 Rabineau B 107		Français Merceur C 213	Sciences Vie & Terre Aubert Marco B 107
14h30	Français Merceur C 213	Sciences Vie & Terre Aubert Marco B 107 / Anglais LV1 Pleyber C 117			Physique-Chimie Boutet B 103
15h30	Mathématiques Costiou C 12	Mathématiques Costiou C 12		Sec. inter Littérature Comba C 104	Mathématiques Costiou C 13
16h30		Sec. inter Littérature Comba C 105			
17h00					

LE SYSTÈME ÉDUCATIF FRANÇAIS

➥ Les grands principes

Le système d'enseignement[1] français est fondé[2] sur de grands principes : « l'organisation de l'enseignement public obligatoire gratuit[3] et laïc à tous les degrés est un devoir de l'État ».

La liberté de l'enseignement

En France, le service public d'enseignement coexiste avec des établissements privés, soumis au contrôle de l'État et pouvant bénéficier de son aide – en contrepartie d'un contrat signé avec l'État. Cependant, l'État est le seul à délivrer[4] diplômes et grades universitaires : les diplômes délivrés par les écoles privées n'ont pas de valeur[5] officielle sauf s'ils sont reconnus par l'État. La réglementation des examens se fait à l'échelle nationale.

La gratuité

L'enseignement dispensé dans les écoles et les établissements publics est gratuit. Les manuels[6] scolaires sont gratuits jusqu'à la classe de troisième, ainsi que les matériels et fournitures[7] à usage collectif. Dans les lycées, les manuels sont le plus souvent à la charge[8] des familles.

La neutralité

L'enseignement public est neutre : la neutralité philosophique et politique s'impose aux enseignants et aux élèves.

1 l'enseignement *m.*: *das Bildungswesen* – 2 fonder: *basieren* – 3 gratuit/e: *kostenlos* – 4 délivrer: *ausstellen* – 5 la valeur: *der Wert* – 6 le manuel: *das Schulbuch* – 7 la fourniture: *der Schulranzen* – 8 à la charge de: *auf Kosten von*

La laïcité[1]
Le principe de laïcité en matière religieuse est au fondement du système éducatif français depuis la fin du XIXe siècle. Des lois instaurent l'obligation d'instruction et la laïcité des personnels et des programmes.

L'obligation scolaire
Depuis la loi Jules Ferry du 28 mars 1882, l'instruction est obligatoire. Cette obligation s'applique à partir de 6 ans jusqu'à l'âge de 16 ans révolus, pour tous les enfants français ou étrangers résidant[2] en France. La famille a deux possibilités : assurer[3] elle-même l'instruction des enfants (avec déclaration préalable) ou les scolariser dans un établissement scolaire public ou privé.

➥ L'école maternelle

Cycle 1 : cycle d'apprentissages premiers (petite et moyenne section de maternelle)
Originalité du système français, l'école maternelle accueille[4] les enfants avant la scolarité obligatoire qui débute à 6 ans. Elle est le plus souvent organisée en petite, moyenne et grande section, en fonction de l'âge des enfants.
En France, un quart des enfants de 2 ans et la quasi-totalité des enfants de 3 à 5 ans sont scolarisés en maternelle.

➥ L'école élémentaire

Mixte, gratuite si elle est publique, l'école élémentaire accueille les enfants de 6 à 11 ans.
Cycle 2 : cycle des apprentissages fondamentaux (grande section de maternelle, CP et CE1).
Cycle 3 : cycle des approfondissements (CE2, CM1, CM2).

➥ Le collège

Le collège est l'établissement de niveau secondaire qui accueille tous les élèves à l'issue de l'école élémentaire.

Organisation
Le collège accueille sans examen de passage tous les élèves à la fin de l'école primaire. Il permet de scolariser tous les élèves dans un cadre unique.
Les quatre années (sixième – cinquième – quatrième — troisième) de la scolarité obligatoire au collège sont organisées en trois cycles.

➥ Le lycée

À l'issue du collège, les élèves peuvent poursuivre leur scolarité dans un lycée d'enseignement général et technologique ou dans un lycée professionnel.

La voie générale
L'objectif de la voie générale est de préparer les élèves au baccalauréat général et de mener la grande majorité des bacheliers à la poursuite d'études longues.
Depuis la rentrée 1992, le cycle terminal (classes de première et de terminale) comprend trois séries qui mènent à trois baccalauréats d'enseignement général, ayant chacun un profil particulier :

- **série économique et sociale (E.S.)**, spécialité au choix : sciences économiques et sociales ; mathématiques ; langues vivantes.
- **série littéraire (L)**, spécialité au choix : lettres classiques ; lettres et langues ; lettres et arts ; lettres et mathématiques.
- **série scientifique (S)**, spécialité au choix : mathématiques ; physique-chimie ; sciences de la vie et de la terre ; sciences de l'ingénieur.

www.education.gouv.fr

1 la laïcité: *die Trennung von Kirche und Staat* – 2 résider: *wohnen* –
3 assurer: *gewährleisten* – 4 accueillir: *aufnehmen*

➥ Parcours d'études après la 3e

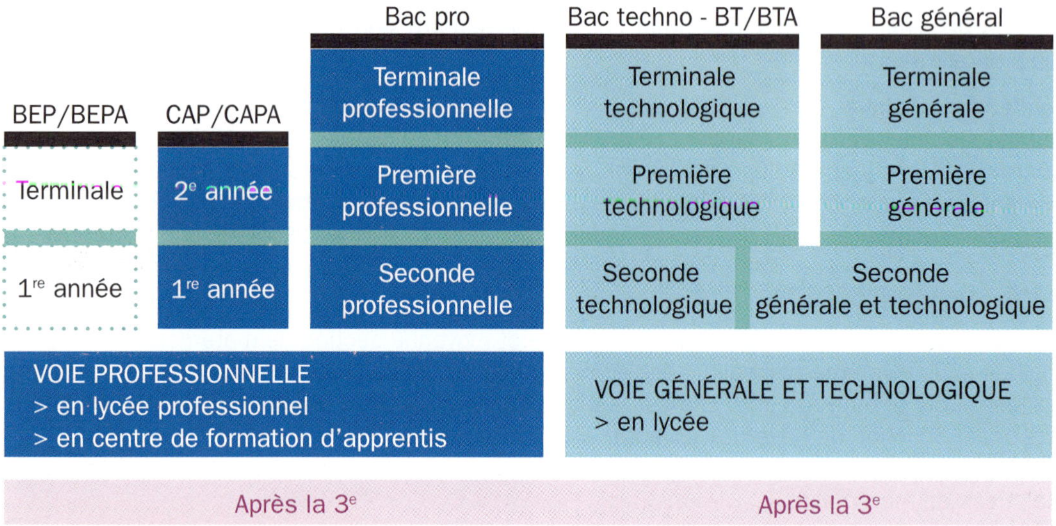

Le stage professionnel

Malik est en 3e. Il doit découvrir un métier dans une entreprise[1] de son choix.
Il aimerait bien demander au papa d'Alice s'il peut faire son stage avec lui.

DÉCOUVERTE PROFESSIONNELLE EN CLASSE DE TROISIÈME

Depuis la rentrée 2005, une nouvelle option facultative[2] et un nouveau module sont proposés aux élèves de 3e.
La découverte professionnelle permet de mieux connaître l'univers des métiers afin de préparer son choix, le moment venu.

- 3 heures par semaine : option facultative de découverte professionnelle.
- 6 heures par semaine : module de découverte professionnelle.

➥ 3 heures par semaine : option facultative de découverte professionnelle

Objectifs

- découvrir les métiers : le quotidien d'un pilote, d'un pâtissier, d'un webmestre, d'une infirmière, etc.
- découvrir les milieux professionnels : comment s'organise le travail dans une entreprise, grande ou petite, dans une administration, dans un laboratoire de recherche, etc.
- découvrir les formations[3] : connaître les principaux diplômes (C.A.P., bac, B.T.S., master, ingénieur, etc.), comment et où les préparer (formation initiale, apprentissage, formation continue), où se renseigner (C.I.O., Onisep, etc.).

➥ 6 heures par semaine : module de découverte professionnelle

Conçu sur le même principe que l'option de découverte professionnelle, avec plus de temps passé sur le terrain (entreprises, lycées professionnels ou centre de formation d'apprentis), ce module est destiné[4] aux élèves qui savent déjà qu'ils s'engageront ensuite dans la voie professionnelle. Il s'agit donc d'aller plus loin en les aidant à tester leurs centres d'intérêt pour construire un projet personnel.

www.education.gouv.fr

1 l'entreprise *f.*: *die Firma* – 2 l'option facultative *f.*: *das Wahlfach* –
3 la formation: *die Ausbildung, die Bildungswege* – 4 se destiner à: *sich an jdn/etw. richten*

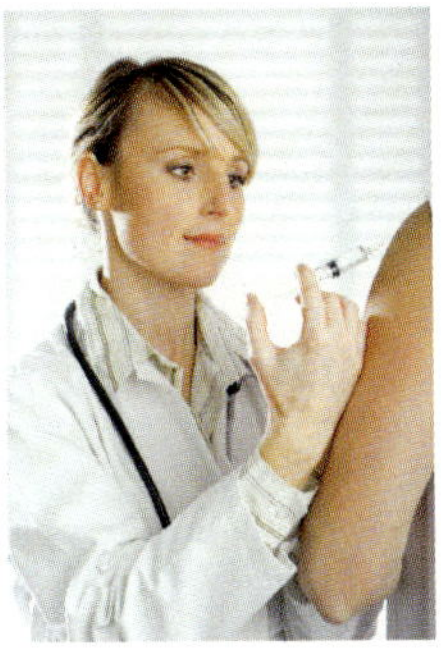

une infirmière

un boulanger

un informaticien

un pilote

Les sorties culturelles

Le professeur de français d'Alice organise des sorties culturelles. Ce soir, ils vont tous au théâtre. Ils vont voir une pièce de Jean-Paul Sartre.
Alice utilise Tick'Art pour payer la place de théâtre.

Avec Tick'Art, la Région Île-de-France facilite l'accès à la culture des jeunes franciliens.

1- Tick'Art, c'est quoi ?

6 sorties pour 15 € valable jusqu'au 31 août de l'année scolaire.

- **1 ticket Scènes :** 270 salles de spectacle : concerts, théâtre, danse, cirque, marionnettes...
- **1 ticket Festivals :** des dizaines de festivals : musique, théâtre, danse...
- **1 ticket Cinéma :** 110 salles de cinéma d'art et d'essai
- **1 ticket Livre de 8 € :** 300 librairies dans toute la région Île-de-France
- **1 ticket Expos / Patrimoine + 1 ticket invité :** les plus grandes expositions franciliennes !

2- Tick'Art, c'est pour qui ?

Tick'Art s'adresse aux **lycéens et apprentis franciliens** ainsi qu'aux **jeunes de moins de 25 ans** suivis par une mission locale ou en formation dans un organisme financé par la Région Île-de-France.

3- Tick'Art, comment l'utiliser ?

1 ticket = 1 entrée

Tick'Art est nominatif, utilisable individuellement **ou dans le cadre de sorties de groupe**. Il est accepté dans plus de 700 lieux partenaires (salles de spectacles, cinémas, librairies, lieux d'expositions ou du patrimoine francilien).

www.tickart.fr/tout-sur-tickart/

Le conseil de classe

Malik est engagé dans la vie de son collège. Il est délégué de sa classe. Ce soir, c'est son conseil de classe.

➥ Le délégué de classe

Le rôle du délégué de classe peut se résumer en trois points principaux:

- Représentation
- Information
- Animation

Le délégué de classe est avant tout un **vecteur d'information**, de sa classe vers l'extérieur via la représentation, et de l'extérieur[1] vers sa classe, afin de l'informer.

➥ Le conseil de classe (collège et lycée)

Rôle du conseil de classe

Le conseil de classe, présidé par le chef d'établissement ou par son représentant, se réunit au moins trois fois par an et chaque fois que le chef d'établissement le juge utile.
Il examine les questions pédagogiques intéressant la vie de la classe, notamment les modalités d'organisation du travail personnel des élèves.

Le conseil de classe est composé:

- des professeurs de la classe,
- du conseiller principal ou du conseiller d'éducation,
- du conseiller d'orientation-psychologue,
- des 2 délégués des élèves, des 2 délégués de parents d'élèves,
- et, lorsqu'ils ont eu à connaître du cas personnel d'un ou de plusieurs élèves de la classe, du médecin scolaire, de l'assistant social, de l'infirmier.

Les parents d'élèves mentionnés sont désignés[2] par le chef d'établissement et choisis sur une liste de parents d'élèves présentée par des associations ou groupements de parents d'élèves élus.

http://vosdroits.service-public.fr/particuliers/F1394.xhtml

1 l'exterieur *m.*: *das Außen* – 2 désigner: *ernennen*

Le carnet de liaison

C'est le dernier jour de classe de la semaine. Comme chaque jour, Malik entre à l'école le matin et montre au surveillant son carnet de liaison.

ANNÉE SCOLAIRE .... – ....

NOM ....

Prénom ....

Classe ....

PHOTO RÉCENTE

❑ Externe* ❑ Demi-pensionnaire* ❑ Transporté*
❑ Interne* ❑ Non transporté*

*Cocher la ou les case(s) correspondantes

HORAIRES	LUNDI	MARDI	MERCREDI	JEUDI	VENDREDI
M1					
M2					
M3					
M4					
S1					
S2					
S3					
S4					

J'ai pris connaissance de l'emploi du temps de mon enfant et

❑ **J'autorise**
❑ **Je n'autorise pas** } mon fils, ma fille à quitter l'établissement (1)

Signature des parents ou du responsable légal

– En cas de permanence non suivie de cours,
– en cas d'absence imprévue du professeur chargé du dernier cours.

(1) Matin et après-midi pour les externes, après-midi seulement pour les 1/2 pensionnaires, fin de semaine pour les internes.

Collège Jean Moulin

146, avenue du Général Leclerc - 74000 ANNECY

COLLÈGE : Tél. 04 56 89 32 47
Fax 04 56 89 35 78

VIE SCOLAIRE : Tél. 04 56 89 12 20
INFIRMERIE : Tél. 04 56 89 12 21
GESTIONNAIRE : Tél. 04 56 89 12 22
S.E.G.P.A. : Tél. 04 56 89 12 23
C.I.O. : Tél. 04 56 89 12 24

Carnet de liaison

Année Scolaire .... - ....

NOM : ....

PRÉNOM : ....

CLASSE : ....

Ce carnet de liaison, que l'élève doit toujours avoir en sa possession, sera présenté à chaque demande de l'administration ou des professeurs, et visé régulièrement par les parents.

C'est le principal outil de communication entre le collège et les parents.

Toutes les pages à compléter (Couvertures, emploi du temps, etc.) doivent être soigneusement remplies[1] dès le début de l'année.

Lorsqu'un devoir est rendu à l'élève, celui-ci inscrit[2] ses notes à la page correspondant à la période en cours.

Le carnet de liaison peut être demandé à tout instant[3] pour inscrire des informations destinées aux parents (modifications d'emploi du temps, remarques diverses, etc.).

L'élève doit toujours avoir son carnet de liaison avec lui lorsqu'il est au collège. Cette obligation constitue un article du règlement intérieur[4] de l'établissement.

1 remplir: *ausfüllen* – 2 inscrire: *eintragen* – 3 l'instant *m.*: *der Augenblick* –
4 le règlement intérieur: *die Schulordnung*

Le Prix Goncourt des lycéens

Cette année, Alice participe[1] avec sa classe à la remise[2] du Prix Goncourt des lycéens. Le Prix Goncourt, ce n'est pas seulement la plus prestigieuse récompense remise chaque année à un roman par la très sérieuse académie du même nom. Depuis 1988, des lycéens remettent également leur Prix Goncourt, après un marathon de lecture et de débats passionnés.

Le Prix Goncourt des lycéens, c'est quoi et comment ça marche ?

Comment donner aux jeunes le goût[3] de lire et l'amour des romans ? En 1988, la Fnac et le rectorat de Rennes ont eu l'idée de créer ce **Prix Goncourt des lycéens** qui est remis chaque année en novembre au même moment que le célèbre Prix remis par la prestigieuse Académie Goncourt. Le jury est formé de quelque 2 000 lycéens issus de 56 établissements.

À la rentrée, les professeurs de lettres leur donnent à lire la douzaine de romans de la première sélection officielle publiée par l'Académie Goncourt. Les ouvrages sont débattus en classe pendant deux mois, et des rencontres sont organisées avec les auteurs. Puis chaque délégué des 56 classes, élu par sa classe pour présenter son tiercé gagnant, se rend alors aux délibérations[4] régionales (dans six villes de France) dans le but de défendre les choix de ses camarades. Enfin, un jury de délégués régionaux se réunit à Rennes vers la mi-novembre pour la délibération finale.

La liste des lauréats du Prix Goncourt des lycéens de 1988 à 2008

Vous cherchez un bon roman ? Piochez[5] dans la liste des Prix Goncourt lycéens, des valeurs sûres qui ont séduit des 15-18 ans :

1988 Erik Orsenna, *L'Exposition coloniale*, Seuil.
1989 Jean Vautrin, *Un Grand Pas vers le bon dieu*, Grasset.
1990 Françoise Lefèvre, *Le Petit Prince cannibale*, Actes Sud.
1991 Pierre Combescot, *Les Filles du calvaire*, Grasset.
1992 Eduardo Manet, *L'Île du lézard vert*, Flammarion.
1993 Anne Wiazemsky, *Canines*, Gallimard.
1994 Claude Pujade-Renaud, *Belle-mère*, Actes Sud.
1995 Andrei Makine, *Le Testament français*, Mercure de France.
1996 Nancy Huston, *Instruments des ténèbres*, Actes Sud.
1997 Jean-Pierre Milovanoff, *Le Maître des paons*, Julliard.
1998 Luc Lang Mille, *Six cents ventres*, Fayard.
1999 Jean-Marie Laclavetine, *Première ligne*, Gallimard.
2000 Ahmadou Kourouma, *Allah n'est pas obligé,* Seuil.
2001 Shan Sa, *La Joueuse de Go*, Grasset.
2002 Laurent Gaudé, *La Mort du roi Tsongor*, Actes Sud.
2003 Yann Apperry, *Farrago*, Grasset.
2004 Philippe Grimbert, *Un Secret*, Grasset
2005 Sylvie Germain, *Magnus*, Albin Michel.
2006 Léonora Miano, *Contours du jour qui vient*, Plon
2007 Philippe Claudel, *Le Rapport de Brodeck*, Stock
2008 Catherine Cusset, *Un Brillant Avenir*, Gallimard

Source : www.reussirmavie.net, 29 décembre 2008

1 participer: *teilnehmen* – 2 la remise: *die Verleihung* – 3 le goût: *die Vorliebe* – 4 la délibération: *die Diskussion* – 5 piocher: *herauspicken*

Dans une semaine, le 25 octobre, c'est le début des vacances pour Alice et Malik.

LE CALENDRIER DES VACANCES SCOLAIRES

Les Français, en fonction de leur zone géographique d'habitation, ne prennent pas leurs vacances en même temps. Il existe un système de calendrier des vacances scolaires pour éviter un encombrement[1] des routes et des zones les plus touristiques.

Zone A
Caen, Clermont-Ferrand, Grenoble, Lyon, Montpellier, Nancy-Metz, Nantes, Rennes et Toulouse.

Zone B
Aix-Marseille, Amiens, Besançon, Dijon, Lille, Limoges, Nice, Orléans-Tours, Poitiers, Reims, Rouen et Strasbourg.

Zone C
Bordeaux, Créteil, Paris et Versailles.

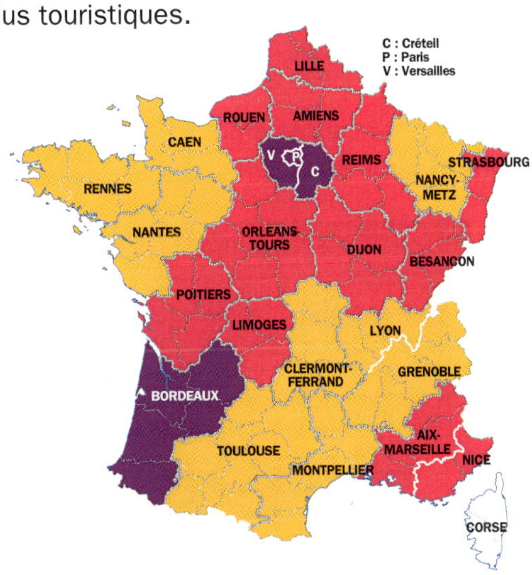

<table>
<tr><th>Vacances scolaires</th><th>Zone A</th><th>Zone B</th><th>Zone C</th></tr>
<tr><td>Rentrée scolaire</td><td colspan="3">2 septembre 2008</td></tr>
<tr><td>Vacances de Toussaint</td><td colspan="3">Du 25 octobre au 6 novembre 2008</td></tr>
<tr><td>Vacances de Noël</td><td colspan="3">Du 20 décembre 2008 au 5 janvier 2009</td></tr>
<tr><td>Vacances d'hiver</td><td>7 au 23 février 2009</td><td>21 février au 9 mars 2009</td><td>14 février au 2 mars 2009</td></tr>
<tr><td>Vacances de printemps</td><td>4 au 20 avril 2009</td><td>18 Avril au 4 mai 2009</td><td>11 au 27 avril 2009</td></tr>
<tr><td>Vacances d'été</td><td colspan="3">Le jeudi 2 Juillet 2009</td></tr>
</table>

LES VACANCES DES FRANÇAIS

Pour les vacances de la Toussaint, les Français préfèrent rester chez eux.

Pour les vacances de Noël, les Français préfèrent être en famille.

1 l'encombrement *m.*: *der Stau*

Pour les vacances d'hiver,
les Français préfèrent les sports d'hiver.

Pour les vacances de printemps,
les Français préfèrent partir à l'étranger.

Pour les vacances d'été,
les Français préfèrent partir à la mer.

La famille

LA FAMILLE D'ALICE

Le papa d'Alice est réalisateur de films.

La maman d'Alice est musicienne.
Elle est harpiste.

LA FAMILLE DE MALIK

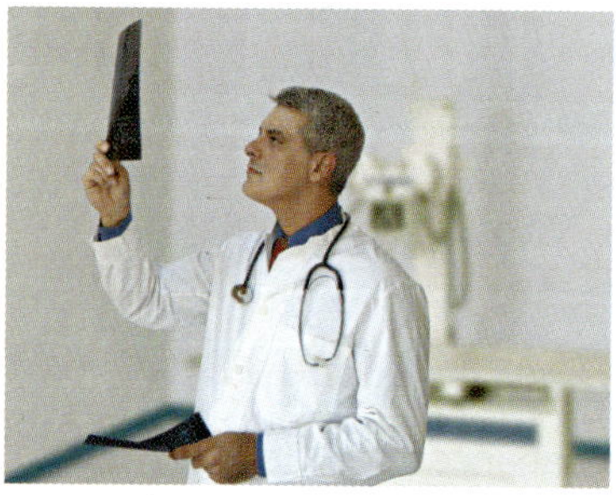

Le papa de Malik est médecin généraliste.

La maman de Malik est assistante dans une entreprise d'événementiels.

Les activités du week-end

C'est le week-end. Il n'y a pas école.
Malik se lève quand même le samedi matin pour aller faire les courses alimentaires de la semaine avec sa maman.
Alice, quant à elle, a un week-end chargé. Elle est en terminale S, et elle a beaucoup de travail. Pour préparer le baccalauréat, elle s'entraîne sur des annales.

LES DEVOIRS

Alice souhaite s'inscrire aussi à un stage intensif de maths pendant les vacances de printemps.

PRÉPARER SES EXAMENS À LA MONTAGNE

- **Coaching sportif**
- **Coaching artistique**
- **Évaluation diagnostique**
- **Examens blancs (oral et écrit)**
- **Bilan envoyé aux familles avec préconisations avant les examens**
- **Possibilité de suivi individualisé jusqu'à l'examen**

6 unités de cours par jour + 1 TD

PRÉPABAC/PRÉPABREVET
Pâques

COURS INTENSIFS

Module de 1 ou 2 semaines

Préparation au bac (filières générales) et au brevet des collèges

Remise à niveau

Passage en classe supérieure collège-lycée

LA TÉLÉVISION

Le samedi soir, Malik est invité chez son copain Hector pour dormir. Après avoir joué à la console[1] de jeux, ils vont regarder la télévision mais ne savent pas encore quelle chaîne.

Chaîne	Programme 1	Programme 2
TF1	**20:45** **Les experts : Miami** Vague criminelle Série TV (1 h 05)	**23:20** **New York Unité Spéciale** Le Bien et le Mal Série TV (45 mn)
France 2	**20:35** **Les victoires de la musique 2009** Divertissement (3 h 45)	
France 3	**20:40** **Famille d'accueil** Esprit d'entreprise Série TV (1 h)	**23:15** **Les mots bleus** Cinéma (1 h 50)
CANAL +	**20:45** **Cortex** Cinéma (1 h 40)	**23:00** **Jour de foot** Sport (1 h)
arte	**20:45** **L'Inde millénaire** Le Taj Mahal, ode à la passion Culture-Infos (55 mn)	**23:15** **One Shot Not** Présenté par Manu Katché Divertissement (1 h 25)
M6	**20:40** **Medium** Le meurtre... Série TV (45 mn)	**23:45** **Nip/Tuck** Les yeux de l'amour Série TV (1 h 05 mn)

LES SORTIES DU WEEK-END

Samedi soir, Alice sort avec ses amis pour se changer les idées et souffler un peu. Que vont-ils faire ce samedi soir?

1 la console: *die Spielkonsole*

LA GRASSE MATINÉE

Le dimanche matin, Alice et Malik font la grasse matinée[1]. Ils se lèvent juste avant le déjeuner, vers 12 heures.

Grasse mat' le week-end :
les jeunes oui, les seniors non…

On a beau dire que « l'avenir appartient à ceux qui se lèvent tôt », les jeunes Français préfèrent le confort douillet de leur lit à toute autre activité les samedis et dimanches matins ! Le fossé[2] des générations n'a jamais été aussi flagrant[3] qu'en la matière, puisque les seniors, eux, sont les plus matinaux. C'est en tous cas ce que confirment[4] les résultats de l'étude* menée par OpinionWay pour B&B Hôtels sur « *Les Français et la grasse matinée* ».

Les 18-24 ans font régulièrement la grasse matinée pour une large majorité (85 %) d'entre eux. Ainsi, c'est toute une génération qui est plongée dans le sommeil[5] le week-end quand d'autres s'activent dès le matin.

De fait, les plus de 60 ans ne sont que 55 % à la pratiquer. Les 35-49 ans et les 50-59 ans sont respectivement 75 % et 73 % à la faire. Les 25-34 ans, encore attachés aux habitudes de leur jeunesse, sont 84 % à encore apprécier de dormir le week-end.

Assez curieusement, pour ceux qui pratiquent la grasse matinée, l'heure du réveil est assez similaire pour les différentes générations. Une majorité (58 %) des plus de 60 ans adeptes de la « grasse mat » se lèvent entre 9 heures et 10 heures, ainsi que 55 % des 50-59 ans, 62 % des 35-49 ans et 33 % des 25-34 ans. Cette fois-ci, seuls les 18-24 ans se distinguent en se levant entre 10 heures et 11 heures à 38 %.

Certains de cette tranche d'âge avouent même se lever après 13 heures… À quand la sieste ?

Source : www.senioractu.com

* *Étude Opinionway pour B&B Hôtels (chaîne indépendante d'hôtellerie économique en France) réalisée en mai 2008 auprès d'un échantillon de 1002 individus, représentatif de la population française âgée de 18 ans et plus.*

Après le déjeuner, Alice continue ses devoirs et Malik commence les siens pour la semaine.

1 faire la grasse matinée: *ausschlafen* – 2 le fossé: *die Kluft* – 3 flagrant/e: *offensichtlich* – 4 confirmer: *bestätigen* – 5 le sommeil: *der Schlaf*

Quiz

Toutes les réponses sont données dans les pages précédentes. Cochez (X) *vrai* ou *faux*.

		VRAI	FAUX
1	La Seine-Saint-Denis est un département de la région Île-de-France.		
2	La plupart des Français mangent des céréales au petit-déjeuner.		
3	Le petit-déjeuner anglo-saxon n'intéresse pas les Français.		
4	Tous les Français peuvent bénéficier de la carte imagine R.		
5	Alice et Malik vont à l'école en vélo.		
6	Les enfants sont obligés d'aller à l'école la plus proche de chez eux.		
7	Les élèves de 3e suivent des cours de philosophie.		
8	Dès la 6e, les familles paient les manuels scolaires.		
9	En France, les enfants sont obligés d'aller à l'école de l'âge de 3 ans à l'âge de 15 ans.		
10	Les cours de religion sont interdits dans les écoles françaises.		
11	En classe de 1re générale, les lycéens peuvent choisir une spécialité parmi trois proposées : scientifique, littéraire, économique et sociale.		
12	Après la classe de 3e au collège, les élèves ne peuvent suivre que la voie générale et technologique.		
13	En classe de 3e, les collégiens découvrent l'univers d'un métier.		
14	Avec le Tick'Art, tous les lycéens de France peuvent avoir accès à la culture.		
15	Tick'Art est nominatif et doit toujours être utilisé individuellement.		
16	Le conseil de classe se réunit au moins une fois par trimestre.		
17	Les parents d'élèves peuvent assister aux conseils de classe.		
18	Le carnet de liaison sert de communication entre les professeurs et les parents d'élèves.		
19	Le Prix Goncourt des lycéens est remis au meilleur roman écrit par un lycéen.		
20	Les dates de vacances scolaires sont les mêmes pour toute la France.		
21	En France, la majorité des plus de 60 ans font la grasse matinée.		

DIPLÔME D'ÉTUDES EN LANGUE FRANÇAISE

DELF A2 • Version scolaire et junior

Niveau A2 du Cadre européen commun de référence pour les langues

NATURE DES ÉPREUVES	DURÉE	NOTE SUR
1 Compréhension de l'oral Réponse à des questionnaires de compréhension portant sur trois ou quatre courts documents enregistrés ayant trait à des situations de la vie quotidienne. (2 écoutes) *Durée maximale des documents : 5 minutes*	**25 minutes environ**	**/25**
2 Compréhension des écrits Réponse à des questionnaires de compréhension portant sur trois ou quatre courts documents écrits ayant trait à des situations de la vie quotidienne.	**30 minutes**	**/25**
3 Production écrite **Rédaction de 2 brèves productions écrites (lettre amicale ou message) :** • décrire un événement ou des expériences personnelles • écrire pour inviter, remercier, s'excuser, demander, informer, féliciter…	**45 minutes**	**/25**
4 Production orale **Épreuve en trois parties :** • entretien dirigé • monologue suivi • exercice en interaction	**6 à 8 minutes** *Préparation : 10 minutes*	**/25**

Seuil de réussite pour obtenir le diplôme : 50/100
Note minimale requise par épreuve : 5/25
Durée totale des épreuves collectives : 1 heure 40 minutes

NOTE TOTALE : **/100**

CODE CANDIDAT : ☐☐☐☐☐☐ – ☐☐☐☐☐☐

Volet à rabattre pour préserver l'anonymat du candidat

Nom : ……………………………………… **Prénom :** ………………………………………

1 Compréhension de l'oral

25 points

Vous allez entendre 3 enregistrements, correspondant à 3 exercices différents.

Pour chaque exercice, vous aurez :
– 30 secondes pour lire les questions ;
– une première écoute, puis 30 secondes de pause pour commencer à répondre aux questions ;
– une deuxième écoute, puis 30 secondes de pause pour compléter vos réponses.
Répondez aux questions en cochant (☒) la bonne réponse, ou en écrivant l'information demandée.

EXERCICE 1 27

6 points

❶ Quand vous entendez ce message, vous êtes dans : *2 points*

❑ une gare.
❑ une école.
❑ un magasin.

❷ On vous parle de : *2 points*

❑ billets de train.
❑ matériel de classe.
❑ valises.

❸ Vous pouvez : *2 points*

❑ gagner un sac.
❑ inviter vos amis.
❑ payer moins cher.

EXERCICE 2 28

8 points

❶ Quel est l'événement présenté dans ce document ? *2 points*

❑ Le salon du mobile.
❑ Le salon de l'industrie.
❑ Le salon de l'automobile.

❷ Dans quelle ville ? *2 points*

....

❸ Le salon commence le : *(cochez la bonne réponse)* *1 point*

OCTOBRE	Mercredi 22	
	Jeudi 23	
	Vendredi 24	
	Samedi 25	
	Dimanche 26	
	Lundi 27	
	Mardi 28	
	Mercredi 29	
	Jeudi 30	
	Vendredi 31	

❹ Le salon se termine le : *(cochez la bonne réponse)* *1 point*

NOVEMBRE	Samedi 1er	
	Dimanche 2	
	Lundi 3	
	Mardi 4	
	Mercredi 5	
	Jeudi 6	
	Vendredi 7	
	Samedi 8	
	Dimanche 9	
	Lundi 10	

❺ Les produits présentés au salon sont fabriqués : *2 points*

❑ en France.

❑ en Italie.

❑ dans le monde entier.

EXERCICE 3 29 — 11 points

❶ Qui appelle les enfants ? *2 points*

- ❏ Leur mère.
- ❏ Leur voisine.
- ❏ Leur baby-sitter.

❷ Elle demande aux enfants : *2 points*

- ❏ de venir manger.
- ❏ d'aller se laver.
- ❏ d'aller se coucher.

❸ Qu'est-ce que Julie est en train de faire ? *3 points*

....

❹ Que va faire Julie demain ? *2 points*

- ❏ Aller au cinéma.
- ❏ Inviter Lucie.
- ❏ Dîner au restaurant.

❺ Julie et Marc sont : *2 points*

- ❏ amis.
- ❏ frère et sœur.
- ❏ fiancés.

2 Compréhension des écrits

25 points

EXERCICE 1

7 points

Que faites-vous pour protéger la nature ?
Regardez les images et écrivez le numéro qui correspond dans le tableau.
Attention : il y a 8 images et 7 phrases.

①

②

③

④

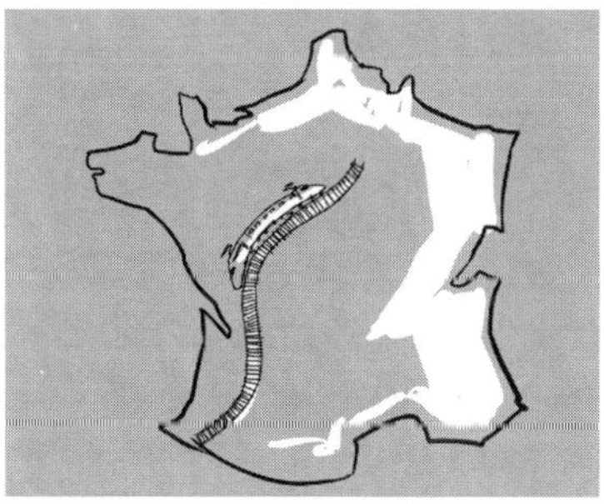
⑤

⑥

⑦

⑧

	Image n° :
J'utilise une poubelle pour le papier et une autre pour le verre.	
Je mets un pull et je baisse le chauffage.	
Je vais à pied ou à vélo pour les petits trajets.	
J'éteins la lumière quand je sors d'une pièce.	
Je prends une douche rapide et non un bain.	
Pour les grands voyages, je prends le train.	
J'utilise l'eau chaude seulement quand j'en ai vraiment besoin.	

EXERCICE 2

9 points

Lisez le texte puis répondez aux questions en cochant (☒) la bonne réponse ou en écrivant l'information demandée.

DES DINOSAURES AU MUSÉE

À la recherche de notre lointain passé... Chassez la préhistoire, elle revient au galop, avec les dinos. Rien à faire, c'est cyclique, ces grosses bêtes nous poursuivent à des millions d'années. Incroyable, mais c'est sûrement qu'elles nous aiment... Alors, allons les voir dans les musées.

▸ Au Musée National d'Histoire Naturelle à Paris, au Jardin des Plantes, dans la Grande Galerie de l'Évolution, 57, rue Cuvier 75005. Renseignements au 01 40 79 30 00.

▸ Au Dino-Zoo à 20 km de Besançon et à 4 km du gouffre de Poudrey. C'est un parc animalier préhistorique qui retrace la vie animale sur 500 millions d'années. On y croise des dinosaures de taille réelle. Renseignements à la Maison du tourisme de Besançon au 03 81 80 92 55.

▸ Dans le Parc national des Cévennes à Saint-Laurent-de-Trèves, allez voir les empreintes de dinosaures (d'avril à octobre), c'est réellement impressionnant. En prime, un spectacle audio-visuel dans une chapelle et une exposition. Informations au 04 66 49 53 00.

▸ À Espéraza dans l'Aude (à 50 km de Carcassonne), le musée des dinosaures présente une exposition comprenant des ossements, des œufs et des empreintes de pas ainsi que des représentations des animaux, grandeur nature. Une vidéo montre les derniers dinosaures et le musée permet d'observer les techniques de dégagement et de préparation des fossiles. Un chantier de fouilles est aussi ouvert au public.
Renseignements au 04 68 74 26 88 ou 04 68 74 02 08 et sur Internet, le site du musée : dinosauria.org.

Francine Pigelet Lambert
http://www.magicmaman.com

❶ De quels animaux parle le document ? *1 point*

❑ D'animaux domestiques.

❑ D'animaux exotiques.

❑ D'animaux préhistoriques.

❷ Trouvez dans le texte une autre manière de dire « dinosaure » ? *2 points*

....

❸ Vrai ou Faux ? Cochez la case correspondante et recopiez les mots ou la phrase qui justifie(nt) votre réponse. *6 points*

	Vrai	Faux
Pour en savoir plus sur le Dino-Zoo de Besançon, il faut chercher sur Internet. Justification :		
On sait où aller voir des dinosaures à Paris. Justification :		
Le parc national des Cévennes est ouvert toute l'année. Justification :		
À Espéraza, on ne peut pas voir de dinosaures de taille réelle. Justification :		

EXERCICE 3

9 points

Répondez aux questions. Cochez la ou les bonnes réponses.

❶ *Phosphore* est un nouveau magazine. *1 point*

❏ Vrai.

❏ Faux.

❏ On ne sait pas.

❷ Le magazine *Phosphore* est un: *1 point*

❏ quotidien.

❏ hebdomadaire.

❏ mensuel.

❏ annuel.

❸ Le magazine *Phosphore* est destiné: *1 point*

❏ à tous les âges.

❏ aux lycéens.

❏ aux collégiens.

❏ aux adultes.

❹ Pour s'abonner au magazine *Phosphore*, il faut: *2 points*

❏ réussir ses années lycées.

❏ téléphoner au 0 825 825 830.

❏ envoyer 19,95 euros.

❏ aller sur le site: www.phosphore.com.

❏ habiter en France.

❺ La médiathèque numérique est accessible: *2 points*

❏ seulement aux abonnés.

❏ à tous les visiteurs du site.

❏ aux professeurs.

❻ Pour avoir le lecteur MP3, il faut: *2 points*

❏ téléphoner au 0 825 825 830.

❏ s'abonner au magazine *Phosphore*.

❏ s'inscrire sur le site Internet.

❏ envoyer un chèque de 19,95 euros.

3 Production écrite

25 points

EXERCICE 1

13 points

C'est votre premier jour en France. Vous racontez dans votre journal intime ce que vous avez fait et vous donnez vos premières impressions.
Écrivez un texte de 60 à 80 mots.

Vous pouvez utiliser ces images pour décrire votre journée, mais ce n'est pas une obligation :

....

....

....

....

....

....

....

....

....

....

....

....

....

....

....

....

Nombre de mots : ....

EXERCICE 2

12 points

Nouveau Message

Ficher | Édition | Affichage | Insertion | Format | Outil | Messsage | ?

Envoyer | Enregistrer | Imprimer | Joindre | Contacts

De : Julie@netcourrier.fr

Copie...

Objet : Invitation !

Salut,
Les fêtes de fin d'année approchent et ça fait longtemps que nous ne nous sommes pas vu(e)s !
J'organise une soirée pour le Nouvel An à Paris. J'aimerais beaucoup que tu viennes. Ma mère est d'accord pour que tu passes quelques jours chez nous.
Réponds-moi vite et fais ta réservation pour venir.
Je t'embrasse bien fort,
Julie

Vous avez reçu ce courriel. Vous répondez à Julie : vous la remerciez et vous acceptez son invitation ; vous expliquez comment vous allez aller chez elle et combien de temps vous allez rester.

60 à 80 mots

....

....

....

....

....

....

....

....

....

....

....

....

....

....

Nombre de mots : ....

4 Production orale

25 points

Cette épreuve d'expression orale comporte 3 parties.
Elle dure de 6 à 8 minutes.
Vous disposez de 10 minutes de préparation pour les parties 2 et 3.

10 minutes de préparation

6 à 8 minutes de passation

1 ENTRETIEN DIRIGÉ (1re PARTIE) - *1 minute environ*

Après avoir salué votre examinateur, vous vous présentez (parlez de vous, de votre famille, de vos amis, de vos études, de vos goûts, des animaux que vous aimez, etc.). L'examinateur vous posera des questions complémentaires.

2 MONOLOGUE SUIVI (2e PARTIE) - *2 minutes environ*

Vous tirez au sort deux sujets et vous en choisissez un.

1. Comment et où avez-vous connu votre meilleur(e) ami(e) ?

2. Parlez de votre acteur/actrice préféré(e).

3 EXERCICE EN INTERACTION (3e PARTIE) - *3 à 4 minutes environ*

Vous tirez au sort deux sujets et vous en choisissez un.
Vous devez simuler un dialogue avec l'examinateur afin de résoudre une situation de la vie quotidienne. Vous montrez que vous êtes capable de saluer et d'utiliser les règles de politesse.

▶ **SUJET 1**

Départ d'un professeur

Votre professeur de français part à la retraite. Vous allez le voir pour lui offrir un cadeau. Vous le remerciez pour ses cours. Vous lui demandez son adresse électronique pour pouvoir lui écrire.
(L'examinateur joue le rôle du professeur.)

▶ **SUJET 2**

Jambe cassée

Un(e) ami(e) francophone s'est cassé la jambe. Vous lui téléphonez pour lui demander comment il/elle va, comment ça s'est passé, ce qu'il/elle ressent, combien de temps il/elle doit rester chez lui/elle, etc.
(L'examinateur joue le rôle de l'ami(e).)

CRÉDITS ICONOGRAPHIQUES

Page	Position	Références
7		Funk Zone Studios / Stockbyte / Getty Images
9	a	Valpictures / Fotolia.com
9	b	Fatman73 / Fotolia.com
9	c	Olga D. van de Veer / Fotolia.com
17	a	Eric Holsinger / Fotolia.com
17	b	Rimglow / Fotolia.com
17	c	Naty Strawberry / Fotolia.com
17	d	Foto.Fred / Fotolia.com
17	e	Thierry Hoarau / Fotolia.com
17	f	Bernard BAILLY / Fotolia.com
17	g	Seen / Fotolia.com
17	h	– a-n-k-i -/ Fotolia.com
17	i	Rimglow / Fotolia.com
17	j	Mahir Ates / Fotolia.com
17	k	Manipulateur / Fotolia.com
17	l	Fred / Fotolia.com
17	m	Chooly / Fotolia.com
17	n	Vnlit / Fotolia.com
17	o	© Aurélia Galicher
17	p	© Aurélie Baudet
17	q	Leonid Nyshko / Fotolia.com
23		Simon Winnall / Stone / Getty Images
27		Graphi-Ogre
28		Collection Cinéma Photo12.com
30	b	Folimages
30	h	Le Pacte
30	m	CTV International / Achives du 7ème Art - Photo12.com
31	b	SEFA Event
31	h	Collection Cinéma - Photos12.com
31	m	Archives du 7ème Art - Photo12.com
32		© Musée du Quai Branly
33	d	© 2009. musée du quai Branly / Photo Scala, Florence.
33	g	© 2009. musée du quai Branly / Photo Scala, Florence.
33	m	© 2009. musée du quai Branly / Photo Scala, Florence.
34	1	Andrei Kazarov / Fotolia.com
34	2	Michaël BICHE / Fotolia.com
34	3	Beatrice Preve / Fotolia.com
34	4	Frederic Limacher / Fotolia.com
35	1	Pandore / Fotolia.com
35	2	Francis Lempérière / Fotolia.com
35	3	N.Parneix / Fotolia.com
35	4	Hamdagalem / Fotolia.com
36		Philip Date / Fotolia.com
37		EPA / Fotolia.com
38		Jean-Luc Luciani - LE JEU: LA TRAQUE Illustration réalisée par Didier Garguilo / Rageot Editions
38		Hélène Montardre - L'AGENDA Illustration réalisée par Sophie Ledesma / Rageot Editions
38		Entre chiens et loups / Collection Macadam / Malorie Blackman © 2005 Editions Milan
39		LES TRIPLETTES DE BELLEVILLE Un film de Sylvain Chomet © 2002 Les Armateurs/Production Champion/ Vivi Film/France 3 Cinéma/RGP France/ Sylvain Chomet
41		Graphi-Ogre
42	b	Jean-Jacques Cordier / Fotolia.com
42	h	PASQ / Fotolia.com
43		© Fanette Mellier
45		Collection Cinéma - Photos12.com
46	1	Christophe Schmid / Fotolia.com
46	2	Katya Mikhlin / Fotolia.com
46	3	KaYann / Fotolia.com
46	4	Eray Haciosmanoglu / Fotolia.com
46	5	Michael Hecker / Fotolia.com
46	6	Tanguy de Saint Cyr / Fotolia.com
46	7	Sasha / Fotolia.com
46	8	Nazira_g / Fotolia.com
46	9	Alexandre Belinski / Fotolia.com
51		Image Source / Getty Images
54	bd	Fanny rousseau / Fotolia.com
54	bg	Serieme / Fotolia.com
54	hd	OutdoorPhotos / Fotolia.com
54	hg	Uolir / Fotolia.com
57	1	Jean-Luc MANAUD / RAPHO / Eyedea
57	2	Nano / Fotolia.com
57	3	Sumnersgraphicsinc / Fotolia.com
57	4	Danielle Bonardelle / Fotolia.com
57	5	PhotoCD / Fotolia.com
57	6	Kay Ransom / Fotolia.com
57	7	Tomas del amo / Fotolia.com
65		www.Fnac.com
67		Fête de la musique, lancée en 1982 à l'initiative du Ministère de la Culture.
69	d	Nabil BIYAHMADINE / Fotolia.com
69	g	Nicolas PARNEIX / Fotolia.com
70	bm	Laurence Bouvier / Fotolia.com

Page	Position	Références
70	hd	Martine Coquilleau / Fotolia.com
70	hg	MyPictures / Fotolia.com
72		© CIDJ
74		Fête de la musique, lancée en 1982 par le Ministère de la Culture.
77		Jupiterimages, Brand X Pictures / Getty Images
80	a	RL Productions/Digital Vision / Getty Images
80	b	AlcelVision / Fotolia.com
80	c	Moodboard / Fotolia.com
80	d	Nathalie P/ Fotolia.com
84	1	Eray Haciosmanoglu / Fotolia.com
84	2	Free_photo / Fotolia.com
84	3	Danielle Bonardelle / Fotolia.com
84	4	Cris13 / Fotolia.com
84	5	Fatman73 / Fotolia.com
84	6	Leonid Nyshko / Fotolia.com
85	1	Per Breiehagen / The Image Bank / Getty Images
85	2	Yellow Dog Productions / Getty images
85	3	Dismagwi / Fotolia.com
85	4	Alain Balthazard / Fotolia.com
87		Miroslava Arnaudova / Fotolia.com
88	1	© Le monde des Ados-n°207-Avril 2009
88	2	© Play Bac Presse
88	3	© www.letoiledelinfo.org
88	4	© Bayard presse
88	5	Julie /n°127/ © Marc Plantec; Agence Frimousse Mannequins; Stephane Dessaint/ Milan presse, 2009
88	6	© Géo Ados / Mars 2009 / Milan Presse
89	b	Fderib / Fotolia.com
89	h	Programme PARIS Campus - Séjour "tout compris"Camp d'été pour jeunes de 13 à 17 ans. Ecole ACCORD - Paris
90	1	KaYann / Fotolia.com
90	2	Rachid amrous / Fotolia.com
90	3	Piccaya / Fotolia.com
90	4	Delphine / Fotolia.com
90	5	Mike & Valerie Miller / Fotolia.com
90	6	Philophoto / Fotolia.com
90	7	Clarence Holmes / Fotolia.com
90	8	Gary Blakeley / Fotolia.com
90	h	Nabil Biyahmadine / Fotolia.com
92	b	Alistair Dick / Fotolia.com
92	h	Azazirov / Fotolia.com
93	b	Robert Essel NYC / Corbis
93	h	Image Source / Getty Images
93	m	Dex Images / Corbis
95	b	Image Source / Getty Images
95	h	© Aurélia Galicher
98	b	© Crédoc
98	h	Margouillat photo / Fotolia.com
99	b	Marcus HOEHN/LAIF-REA
99	hd	© Aurélia Galicher
99	hg	Esther Ruzé / Fotolia.com
100		© RATP / Gie Comutitres
105	1	Du_an Zidar / Fotolia.com
105	2	Jerome DELAHAYE / Fotolia.com
105	3	JAUME GUAL/ AGE FOTOSTOCK / HOA-QUI/ EYEDEA
105	4	Gudmund / Fotolia.com
105	b	© Tick'Art, Conseil régional d'Ile de France
107		Eric Notaianni / CIT'images
108		© Un brillant avenir, Catherine Cusset , Editions Gallimard, 2008 (Collection blanche)
108		© Un secret, Philippe Grimberg, Editions Le livre de Poche.
108		La mort du roit Tsongor, Laurent Gaudé © Actes sud, 2002.
109	d	Dylan Ellis / Getty Images
109	g	Jerome berquez / Fotolia.com
110	1	GOL / Fotolia.com
110	2	© Sylvie Baudet
110	3	Christian Wheatley / Fotolia.com
110	4	Steve McDonough / IMAGESTATE/GHFP / Hoa-qui / Eyedea
110	5	Altrendo images / Getty Images
110	6	Aramanda / Fotolia.com
110	7	Chabruken / Getty Images
111		© Aurélia Galicher
112		TF1
112		France Télévisions Distribution
112		France Télévisions Distribution
112		Arte G.E.I.E
112		METROPOLE TELEVISION (M6)
112	1	Archives du 7eme Art - Photo12.com
112	10	Archives du 7eme Art - Photo12.com
112	11	Archives du 7eme Art - Photo12.com
112	12	Pavel Losevsky / Fotolia.com
112	13	Laser / Fotolia.com
112	2	Collection Cinéma - Photos12.com
112	3	BORIS HORVAT/ AFP/Getty Images

Page	Position	Références
112	4	(c) Claude Médale
112	5	Collection Cinéma - Photos12.com
112	6	Collection Cinéma - Photos12.com
112	7	Evan Gotti / Fotolia.com
112	8	KaYann / Fotolia.com
112	9	Simone Joyner / Getty Images / AFP
113	d	Ebby May / Getty Images
113	g	Free_photo / Fotolia.com
120		Paco Ayala / Fotolia.com
122		© Phosphore, Bayard Jeunesse
124	1	Cyrano / Fotolia.com
124	2	Brian Jackson / Fotolia.com
124	3	Agita Leimane / Fotolia.com
124	4	Studiotouch / Fotolia.com
124	5	Rainette / Fotolia.com

CRÉDITS TEXTES

Page	Position	Références
32		© Musée du Quai Branly
38		CDI du collège Pablo Néruda, Wattrelos
39		LES TRIPLETTES DE BELLEVILLE Un film de Sylvain Chomet © 2002 Les Armateurs/Production Champion/Vivi Film/France 3 Cinéma/RGP France/ Sylvain Chomet
43		Fête de la musique, lancée en 1982 à l'initiative du Ministère de la Culture.
72		© CIDJ
89		Programme PARIS Campus - Séjour "tout compris" Camp d'été pour jeunes de 13 à 17 ans. Ecole ACCORD - Paris
98		La Dépêche le 19/09/2007 www.ladepeche.fr
100		© Gie Comutitres
101		http://www.education.gouv.fr/cid5509/ assouplissement-de-la-carte-scolaire.html
102		http://www.education.gouv.fr/cid162/les-grands-principes.html
103	b	http://www.education.gouv.fr/cid2570/ la-voie-generale.html
103	h	http://www.education.gouv.fr/cid166/l-ecole-maternelle.html
103	m	http://www.education.gouv.fr/cid214/le-college.html
104		http://www.education.gouv.fr/cid157/ decouverte-professionnelle-en-classe-de-troisieme.html
106		La Documentation Française

CRÉDITS CD AUDIO

Enregistrements, montage et mixage : FREQUENCE PROD
Musique : *Funky Frenzy*, composée par Bruno Pilloix, Kosinus, KMUSIK

Achevé d'imprimer en Italie en décembre 2009 par Bona – Dépôt légal : 6444/01